JULES DE GAULTIER

—

La Dépendance de la Morale

et

l'Indépendance des Mœurs

PARIS

SOCIÉTÉ DV MERCVRE DE FRANCE

XXVI, RVE DE CONDÉ, XXVI

MCMVII

LA DÉPENDANCE DE LA MORALE

ET

L'INDÉPENDANCE DES MŒURS

DE KANT A NIETZSCHE...................... 1 vol.

LE BOVARYSME............................ 1 vol.

LA FICTION UNIVERSELLE................... 1 vol.

NIETZSCHE ET LA RÉFORME PHILOSOPHIQUE..... 1 vol.

LES RAISONS DE L'IDÉALISME. .... 1 vol.

JULES DE GAULTIER

La Dépendance de la Morale

et

l'Indépendance des Mœurs

PARIS

SOCIÉTÉ DV MERCVRE DE FRANCE

XXVI, RVE DE CONDÉ, XXVI

MCMVII

JUSTIFICATION DU TIRAGE :

INTRODUCTION

I,

C'est la caractéristique de toute conception
théologique d'expliquer le monde par un principe
qui lui est extérieur et dont on décrète qu'il tient le
mouvement qui l'anime. De la sorte, toute réponse
à la question métaphysique est éludée, car celle-ci
porte sur le principe même du mouvement et non
sur ses manifestations secondaires, sur la totalité
du fait de l'existence et non sur un fragment déta-
ché. Si, d'ailleurs, on prétend justifier l'existence
de ce fragment, c'est, sous le jour d'un tel point de
vue, par une hypothèse qui demeure elle-même
inexpliquée. Le monde expliqué par le divin, le
divin reste à expliquer. On n'a rien dit.

Au point le plus extrême de son développement
et sous ses formes les plus évoluées, la philosophie
rationaliste remplace la notion du θεός par celle de
la loi ou de l'idée. A la *théologie* elle substitue
l'*idéologie*. Rien n'est changé : car c'est encore,
car c'est toujours expliquer l'existence par un principe qui lui est extérieur et qui demeure inexpli-

qué lui-même. C'est toujours répondre par une explication fragmentaire à la justification totale que la question réclame. Il n'y a donc pas de différence fondamentale, il n'y a qu'une différence nominale, entre ces deux images de l'univers composées tour à tour par la théologie et par le rationalisme idéologique, et cette seconde doctrine, fût-elle poussée jusqu'à l'athéisme, n'est encore, à vrai dire, malgré la contradiction verbale, qu'une catégorie de la première, c'est-à-dire du théisme, si l'on considère l'une et l'autre sous le jour de la défaillance commune et caractéristique que l'on vient de dénoncer.

Qu'une telle assimilation soit légitime, cela apparaît à la façon semblable dont l'une et l'autre posent les questions fondamentales, aux considérations où elles font tenir le souci essentiel, à l'idéal commun qu'elles envisagent. Cela apparaît aussi aux difficultés identiques que l'une et l'autre rencontrent, à l'attitude analogue qu'elles adoptent en présence de ces difficultés. Ne pouvant rendre compte du principe par lequel elles expliquent le monde réduit qu'elles considèrent, elles s'efforcent du moins de démontrer que ce principe existe sous forme de loi, loi divine ou loi purement logique, que le monde est de ce fait soumis à une norme précise dirigeant vers une fin fixée tous les éléments qui le composent, qu'il est susceptible, par l'accomplissement définitif de la loi, d'une entière systématisation. Or, tandis que les phénomènes physiques semblent fortifier cette conception d'une réalité soumise à des lois, les phénomènes moraux ne manquent pas de mettre cette même conception en échec par la désinvolture avec laquelle ils échappent aux lois sous lesquelles on les voudrait plier, par le désordre, le mal et la douleur que leur action introduit dans l'univers. Si la cadence régulière des corps célestes peut, à la suite d'une observation superficielle, faire naître dans l'esprit la conception d'un ordre universel, le spectacle des sociétés humaines est peu propre à favoriser cette même illusion.

Devant cette objection de la réalité, les deux dogmatismes, fidèles au point de vue qui les domine, — celui de la vie comme d'un fait de systématisation absolue sous le règne de la loi, — témoignent d'une identique obstination. Dans le désordre qui éclate avec le monde moral, au lieu d'envisager un fait dont il y a lieu de tenir compte pour l'intégrer dans la conception du phénomène vie, ils voient un accident, un état transitoire et qui doit prendre fin. La théologie imagine une

vie future où, par les peines et les récompenses distribuées selon les mérites, la loi divine,
en fin de compte, rétablira l'ordre et fera régner
dans le domaine moral la même inflexibilité qui
éclate dans le domaine physique. L'expédient a
fait fortune. Or le rationalisme, à son tour, sous
ses formes les plus récentes, particulièrement
sous son aspect sociologique, tend vers le même
but par des détours plus subtils. Renonçant
à demander à la métaphysique et à la théologie
de leur fournir le principe de finalité en vue
duquel la loi morale pourrait être promulguée,
les sociologues se sont avisés, selon une conception
ingénieuse d'ailleurs et féconde peut-être dans un
domaine restreint, de déduire la notion de finalité
de l'idée même de collectivité considérée *in abs-
tracto*. Dans la collectivité humaine, dans la collectivité universelle, la finalité de l'ensemble serait
donnée au point de convergence où toutes les parties composantes s'équilibrent et s'associent harmo-
nieusement pour la formation de la réalité même
dans laquelle elles sont impliquées. Ce point de
convergence idéal et virtuel devient ainsi le principe des impératifs qui s'appliquent à toutes les
parties. Il légitime, justifie et sanctionne ces impératifs.

Avec cette conception, nous découvrons, sous son aspect scientifique, le point de vue qui a dominé de tout temps toute philosophie morale. C'est le point de vue de la perfection en contraste avec celui de la réalité. C'est le point de vue de l'harmonie universelle en contraste avec celui de l'empirisme. C'est le point de vue de l'unité dans l'absolu en contraste avec celui de la diversité dans la relation. Mais c'est aussi, sous le déguisement des idées de perfection, d'harmonie, d'unité, le point de vue du pessimisme et de l'aspiration au néant, tel qu'il a pris conscience de lui-même quand il s'est développé dans un milieu hautement intellectuel, — comme il advint avec le bouddhisme, — en contraste avec le point de vue de la vie elle-même.

On insistera, par la suite, en une étude spéciale, sur cette conséquence ultime et fatale du point de vue moral s'exprimant en un vœu d'harmonie absolue entre toutes les parties de l'être; car il s'est formé dans l'esprit humain autour de cet idéal éthique une présomption dont il importe d'invertir les termes. Si l'on ne peut ici que signaler la fatalité de cette conséquence, du moins le fera-t-on en termes exprès et en notant l'importance particulière de cette constatation. Une part d'ordre, dira-t-on, permettant une part de systématisation est indispensable à l'existence qui, sans cette contribution, ne réussirait pas à former un ensemble, serait inconcevable pour elle-même et se dissiperait dans l'insaisissable. Mais l'effort vers l'ordre, vers la systématisation, vers l'unité, ne peuvent s'exercer que sous la condition de s'appliquer à des éléments qu'une opposition originelle a fait distincts les uns des autres. Soit que, d'une vue métaphysique, on imagine une unité primordiale dont la dislocation aurait donné naissance à l'existence, soit que, d'une vue empirique, on considère la diversité comme la donnée primitive, c'est seulement et dans l'une comme dans l'autre hypothèse, parmi le tissu de la diversité que la vie est imaginable. Elle perd dans l'unité où elle s'immobilise toute conscience d'elle-même, car il n'est d'état de connaissance que d'un état d'existence comparé avec un état d'existence différent. Soit donc que l'on imagine la vie tendant à reconquérir un état d'unité perdu, soit qu'on l'imagine s'évertuant à constituer, entre toutes les formes du divers, ce même état d'unité, l'idéal de systématisation absolue que l'on vise dans les deux cas implique, réalisé, la fin de l'existence : or, toute fin, dès qu'on la suppose atteinte, perd, à l'égard de l'énergie qui se déployait pour l'atteindre, toute vertu et toute signification téléologiques pour ne signifier plus que la résolution, l'abolition de l'énergie en jeu. S'agit-il de la totalité des énergies impliquées dans l'existence, l'idée de fin se confond avec celle du néant.

Quelle peut donc être l'origine du préjugé rationaliste en faveur d'une systématisation universelle? Celle-ci vraisemblablement : de ce que le divers, l'incoordonné, l'illogique constituent précisément, dans le milieu le plus proche de nous, dans le milieu psychologique, le donné immédiat, de ce que tout l'effort de l'attention volontaire est employé à former une synthèse entre les instincts et les pensées du milieu individuel, s'appliquant à les unifier sous l'hégémonie du moi, le divers et l'incoordonné ont paru l'ennemi du réel alors qu'ils en sont la condition première. Il a semblé qu'en supprimant toute variété, toute divergence entre les choses, on atteindrait la perfection. Mais ce n'est là qu'une forme de l'illusion décrite et illustrée par Kant, l'illusion qu'il prête à la colombe prenant pour un obstacle à son vol l'air qui résiste à ses ailes, mais soutient leur effort. C'est parmi la donnée primitive du divers qu'il y a place pour cette condition seconde de la réalité, — l'ordre, — qui établit, parmi l'incohérence élémentaire, une part de systématisation, par où des relations peuvent

se former et être saisies entre les choses. Le vice
essentiel de toute pensée rationaliste consiste à
tenir pour la condition unique de la réalité l'une
seulement des deux circonstances qui entrent dans
sa composition. En supprimant la tendance élémentaire qui, en lui résistant, sert à l'autre de soutien,
ils suppriment, ils anéantissent le fait d'équilibre
en quoi toute réalité consiste. Une convergence et
une harmonie fragmentaire entre les choses sont
bien inhérentes à la constitution du réel, mais elles
ne sont que l'un des termes de la contradiction
élémentaire qui conditionne l'existence. Il en est
comme de la ressemblance qui, sous peine de s'abolir dans l'identité, implique la différence. Dès que
l'on attribue à ce fait fragmentaire de convergence
et d'harmonie une valeur absolue, dès qu'on l'isole
du phénomène plus général qui l'embrasse, on
supprime, avec les conditions qui rendaient possible sa réalisation, celles qui rendent possible
toute espèce de réalité.

Un penseur qui sait l'art d'exprimer en images
et d'animer de la vie concrète de la fable les considérations abstraites, M. Remy de Gourmont, a
distingué à merveille cet instinct religieux, cette
hypertrophie du sens raisonnable qui incite l'humanité, par ses représentants parfois les plus élevés, à

conspirer contre sa propre existence. C'est à cette tendance systématique, qui s'exprime surtout dans le domaine moral et en laquelle il distingue un secret instinct de suicide, que le héros mythique de l'un de ses ouvrages fait allusion lorsqu'il prononce : « Quand je vois l'humanité disparaître, c'est d'abord à la manière des fourmis et des abeilles et de toutes les animalités jadis intelligentes et créatrices, maintenant réduites à la vie machinale. Vous deviendrez, » dit-il aux hommes, « pareils à des horloges merveilleuses. Votre complexité métaphysique fera l'admiration des intelligences qui auront succédé à la vôtre (1). » Tel serait le destin d'une humanité qui, selon le vœu du mysticisme sociologique, aurait découvert dans la relation parfaite de la collectivité à l'individu le secret de la fin vers laquelle elle doit tendre. De quelque façon qu'on la conçoive, qu'on l'imagine ou qu'on l'invente, l'idée de fin est mortelle : elle est le point brillant sur lequel un ensemble d'éléments en partie coordonnés, en partie divergents, — ainsi des éléments d'un organisme, — s'hypnotise et s'abîme dans l'automate. La mort, pour un corps composé, est, aussi bien et au même titre que le fait de désa-

(1) *Une nuit au Luxembourg*, Soc. du Mercure de France, p. 141.

grégation que tout le monde évoque, le fait de systématisation absolu par lequel des éléments jusque-
là distincts et luttant pour prévaloir se voient
unifiés et confondus dans le phénomène de convergence qui les soumet à la réalisation d'une fin unique.
L'entité, quelle qu'elle soit, à qui ce destin échoit,
cesse d'être une activité individuelle animant le
monde du jeu de ses désirs ; elle n'est plus qu'un
moyen, qui peut être utilisé par une entité majeure,
demeurée capable de varier, de se mouvoir, de
vivre à l'abri de la certitude que fomente l'idée de
finalité touchant l'emploi de l'énergie, à l'abri de
l'acte de foi qui, créant le principe d'hypnose,
identifie dans un fait de convergence absolu des
parties qui vivaient du compromis d'ordre et de
liberté où elles se mêlaient : c'est la foi qui tue.

Ces cristallisations, toutefois, où des éléments
vivant d'une vie personnelle et distincte voient leur
individualité s'abolir dans un fait d'identification
majeur, ces cristallisations ont, dans le domaine
de la relation, la plus incontestable utilité. C'est
ainsi que de telles aventures, avec de tels dénoue-
ments, composent l'histoire ou la préhistoire de
tous les réflexes qui contribuent au jeu prospère
des organismes. Il est donc essentiel que l'on ne se
trompe pas sur le but qui est ici poursuivi. Ce n'est

pas du domaine de la relation que l'on prétend exclure l'ordre et la raison ; on les tient dans ce domaine qui est celui de la pratique pour des éléments non pas uniques, mais nécessaires. Il n'est pas vrai qu'ils y occupent toujours la place prépondérante que quelques esprits leur attribuent, mais on estime qu'il serait mortel de ne leur point accorder la place et le rang légitimes qui leur appartiennent. On ne célèbre donc pas l'anarchie pour elle-même, mais en vue et comme condition de l'ordre. Ce que l'on tient pour inacceptable, sous le jour de ce point de vue même, c'est que cette modalité de l'ordre dont le concours est indispensable dans le domaine de la relation parce qu'elle y rencontre constamment des circonstances contraires, parce qu'elle y baigne dans le divers, le chaotique et l'inharmonique, soit transformée en loi unique et suprême de l'être.

Une telle conception, pourra-t-on objecter, est pourtant sans danger et il n'y a pas lieu de craindre qu'un ordre universel ou seulement humain soient jamais réalisés ; or, il y a quelque avantage à propager la croyance à l'harmonie comme but dans un monde qui pèche encore par un excès de chaos. On n'entrera pas dans la discussion de cette appréciation de fait, car on n'a pas à se préoccuper ici

de ce qui est utile et de ce qui ne l'est pas, car on
n'est pas ici sur le terrain de la morale ou de la
politique, mais sur celui de la philosophie spéculative où l'on cherche à se former, sous le jour de la
connaissance, une représentation cohérente du fait
de l'existence. Or, de ce point de vue, ce qu'il faut
dénoncer, c'est qu'appliquée au tout métaphysique
l'idée d'ordre absolu abolirait, dans le fait de convergence qu'elle impliquerait, toutes les parties distinctes qui composent l'univers, et sont, les unes
pour les autres, des objets de connaissance, c'est
que l'univers lui-même, entièrement systématisé,
merveilleuse horloge d'une parfaite précision, son-
nant des heures qu'aucune oreille n'entendrait, n'aurait, impeccable automate, aucune existence imaginable, faute d'une intelligence pour le percevoir.

L'empirisme du devenir faisant apparaître, parmi
les perspectives de l'espace et du temps, parmi les
jeux complexes de la causalité, l'infinie diversité
des choses, dissipe ces images glacées. Or, ce point
de vue de l'expérience relève d'une conception
entièrement opposée à celle d'une harmonie universelle. Il suppose comme essentiel à l'existence,
comme cause de sa genèse et de sa conservation, l'une et l'autre confondues dans son devenir,
un fait de différenciation irréductible à l'unité, un

fait de divergence faisant obstacle à ce que le jeu phénoménal puisse être jamais aboli par l'adaptation d'un principe des choses à une fin métaphysique. Contre la conception d'un rationalisme ontologique mortelle pour l'existence, le rationalisme intellectuel, composé de l'ensemble des formes mentales qui nous permettent de nous former des représentations objectives, conclut au primat de l'irrationnel. C'est la conclusion de ce rationalisme intellectuel de subordonner l'exercice de sa propre activité à celle de ce principe de création spontanée de soi-même que l'existence implique, de se reconnaître pour une manifestation secondaire de cette activité. S'il faut donc encore, pour satisfaire des habitudes anciennes de vénération, adorer quelque chose au-dessus de nous mêmes, et, à défaut d'un être, un principe créateur où l'existence consciente d'elle-même se glorifie et se bénisse, l'irrationnel sera ce principe, l'irrationnel, ancêtre de la raison par où l'existence, échappant à toute motivation aussi bien qu'à toute prédestination, s'affirme réfractaire à toute résolution possible de ses parties en un accord définitif. Une telle conclusion, la raison la commande au nom d'une de ses lois les plus essentielles, au nom du principe de contradiction. Si l'idée de fin appliquée à la tota-

lité des éléments de l'être, impliquant résolution
définitive de l'énergie universelle, implique l'idée
d'un néant absolu, il y a antinomie entre l'idée
d'existence et l'idée de finalité appliquée à l'existence et, l'une étant, l'autre n'est pas. On doit
donc rencontrer et pouvoir découvrir au cœur
même de l'idée d'existence, et ceci en vertu des
principes de la raison, un agencement en vertu
duquel une systématisation totale des éléments de
l'être s'avère à jamais impossible. Cet agencement
rendra manifeste le principe d'illogisme essentiel
que l'on vient d'énoncer, tel qu'il se fonde sur la
nécessité, inhérente à l'existence, de se soustraire
à toute possibilité de se nier et de se voir cesser.

Ce principe de divergence essentiel et qui institue entre les choses un désaccord métaphysique a
été diagnostiqué par quelques philosophes. La
contradiction, selon Hégel, est le moteur du monde
et toutes les choses se contredisent elles-mêmes.
L'opposition universelle de Tarde est une autre formule pour le même point de vue. M. Paulhan enfin
se montre partisan de la même conception lorsque,
du fait de systématisation entre des éléments divers
où il voit le mode de formation du réel, il déduit
la nécessité d'un état de diversité préalable, lorsqu'il tient tout au moins cette diversité pour un

état de fait, pour une donnée empirique au delà de laquelle il ne veut spéculer.

C'est de cet état de fait, relevé par ces philosophes et aperçu par d'autres encore, que la conception du Bovarysme, prise comme méthode de pensée et appliquée à la notion métaphysique de l'être, montre le caractère de nécessité rationnelle, ce caractère de nécessité dont le principe de contradiction, sous la forme où l'on vient de l'évoquer, nous a dénoncé la présence.

Après avoir observé le Bovarysme dans la réalité humaine à travers la littérature et la psychologie, après avoir élevé le cas pathologique révélé par la vision d'artiste du grand Flaubert à la généralité d'une loi, après avoir fait tenir dans ce pouvoir départi à l'homme de se concevoir autre qu'il n'est, le rythme même du mouvement et de la vie sous le jour de la conscience, après l'avoir montré comme le principe de tout progrès aussi bien que de toute déviation, on l'a identifié, sous le jour physique, avec le fait de devenir autre. Or, ce même principe de méconnaissance et de contradiction de soi-même qu'est en son essence le Bovarysme, recher-ché au cœur de la notion métaphysique de l'exis-tence, y décèle sa présence et l'énergie de son action dans la relation indissoluble qui unit le fait d'exis-

tence au fait de connaissance. Il n'est pas d'existence qui n'implique connaissance d'elle-même, c'est
là le principe de tout idéalisme, et sur ce point
tout au moins, l'idéalisme est inattaquable. Il est
superflu d'ajouter que tout état de connaissance
suppose, d'autre part, un état d'existence, fût-ce,
comme le veut encore l'idéalisme, l'existence seule
de la pensée. Mais dès lors l'existence, de ce qu'elle
est liée ainsi indissolublement à la connaissance,
se manifeste et se déclare dans un état de division
essentielle avec elle-même, la connaissance étant
un état analytique qui n'existe que dans l'opposition de l'objet au sujet, qui n'est point concevable
de l'un pour l'un, qui commande et implique diversité. La notion d'une diversité irréductible à l'unité
entre ainsi, à titre essentiel, dans la notion d'existence, l'unité apparaissant comme la frontière logique qui, en tant que concept négatif, limite le fait
positif du réel.

Mais, soumise à la diversité, en vue de la connaissance qu'elle implique d'elle-même, l'existence
se montre en même temps réfractaire à une connaissance entièrement adéquate d'elle-même par
elle-même, puisqu'il lui faut toujours opposer à la
part objective de soi qu'elle saisit dans la connaissance, une autre part aussi d'elle-même, une part

subjective qui, rendant seule possible la connaissance de quelque relation entre deux états d'existence, échappe, de toute nécessité, à la possibilité
d'être saisie dans la connaissance, soustrait ainsi,
de toute nécessité, une part de l'existence à la connaissance de soi. La relation qui unit indissolublement l'existence à la connaissance d'elle-même et
la connaissance à l'existence de quelque chose se
complique donc d'une antinomie entre existence et
connaissance, selon laquelle il n'est pas, pour l'existence, de connaissance adéquate, totale et absolue,
d'elle-même.

Cette conclusion consacre, selon un dogmatisme
des principes de la raison, le caractère relatif de la
connaissance, dénonce l'inanité de tout l'effort
métaphysique vers l'absolu, aussi bien du point de
vue de la connaissance que du point de vue de l'être.
Elle nous donne l'existence et la connaissance
comme des faits de relation et identifie avec une
aspiration vers le néant toute tentative en vue de
dépasser les limites de la relation. Ainsi la diversité que nous constatons entre les choses dans
le domaine de la relation concrète s'exprime, en
tant que nous envisageons l'idée abstraite d'existence, en une opposition. La formule bovaryque
traduit cette opposition ; elle tient de là sa généra-

lité. S'applique-t-elle au mouvement par lequel les entités concrètes s'agrègent et se désagrègent, s'associent et se dissocient, c'est-à-dire s'engendrent et meurent, vise-t-elle ainsi tous les cas d'altération de la réalité, elle se prononce « se concevoir autre » ; mais elle se réduit lorsqu'elle s'applique au fait et au mouvement même de l'existence, au seul terme « se concevoir », montrant ainsi dans l'unique rapport de l'être à la connaissance le principe d'opposition constitutif du fait même de l'existence.

Cette conception, qui a été exposée dans *le Bovarysme* et dans *la Fiction universelle*, qui a été présentée dans un cadre nouveau avec *les Raisons de l'Idéalisme*, a encore été approfondie et précisée dans un *Commentaire aux Raisons de l'Idéalisme* qui forme la dernière étude de ce volume. Elle donne comme consubstantiel au fait de l'existence le fait même d'opposition qui engendre l'état de diversité où la connaissance et la vie sont possibles et qui garantit, de l'une et de l'autre, enlacées en une synthèse indissoluble, la pérennité. C'est dans les limites infranchissables de cette opposition que l'on a fait place aux divers modes de la réalité dont on a étudié la formation dans *le Bovarysme* au chapitre *du Réel*, c'est dans ces limites que l'on a montré, sous tous ses aspects, le réel comme un état d'équilibre entre deux forces et que, sous son aspect le plus général, caractéristique de ses modes les plus divers, on l'a donné comme un compromis entre une part d'ordre, de constance, de système et une part d'indiscipline, d'instabilité, d'imprévu.

Au cours des études comprises en cet ouvrage, ce que l'on s'est proposé de montrer, c'est bien toujours le fait même de l'existence se constituant selon ce compromis essentiel entre une part de système et une part d'aléa, composé, au regard de l'esprit, d'une part d'éléments calculables et d'une part d'éléments échappant nécessairement, du fait de leur genèse aléatoire, aux prises du calcul. Mais en réaction contre le vœu de rationalisme et de systématisation universels que l'instinct théologique a légué à la spéculation philosophique, on s'est proposé de mettre plus spécialement en évidence la part d'arbitraire, d'aléa, d'incalculable et d'illogique qui est inhérente à l'existence et la préserve de sa fin. Tel est l'objet précis que l'on a poursuivi avec la thèse développée dans *la Dépendance de la morale et l'Indépendance des mœurs*. Indiquant la répercussion immédiate qu'une sem-

blable thèse doit avoir sur la pratique, on y a identifié également, avec le phénomène des mœurs,
le fait d'instabilité et d'aléa qui avait été reconnu
comme essentiel au phénomène de l'existence.

Avec *la Réalité amoureuse*, avec *Henri Heine et
le Romantisme de la Raison*, poursuivant le même
objet dans le détail concret de la vie morale et sentimentale de l'humanité, on a montré que, si la prétendue fixité imposée par la théologie aux sentiments
moraux est vaine, il n'existe pas non plus un *en-soi*
naturel, il n'existe pas, en matière de mœurs, des
manières d'être qui soient consacrées par la nature
au lieu de l'être par la divinité. Le rationalisme
idéologique et le romantisme sentimental ont donc
été identifiés en ces deux études sous une même
diathèse : et ce que l'on a relevé en l'une et l'autre
de ces manifestations de la pensée et de la sensibilité, c'est la croyance infiniment naïve selon laquelle
il existerait des archétypes éternels de la justice,
de l'amour, des instincts individuels et sociaux que
la nature aurait gravés au cœur de l'homme. Sous
l'empire de cette croyance, les idéologues romantiques ont cru qu'il suffirait de briser les impératifs
théocratiques d'après lesquels furent sculptés
naguère les contours, furent décrétées les normes
des sentiments moraux, pour que les modalités

idéales de ces sentiments sortissent du cœur humain et, délivrées de la contrainte qui pesait sur elles, vinssent, s'épanouissant, assurer le bonheur universel. On estime que cette croyance fut utile pour achever de détruire un idéal qui, ne se soutenant plus lui-même, était devenu incapable de supporter la vie sociale. Il n'en fallait pas moins signaler comme un cas de Bovarysme, au sens péjoratif du terme, cette présomption selon laquelle une attitude de destruction se donnait pour une attitude créatrice, il n'en fallait pas moins signaler que, sous le jour de cette présomption, le romantisme idéologique ou sentimental se confond avec l'idéal qu'il renverse, que l'un et l'autre substituent, qui avec la personnification divine, qui avec la raison ou la nature, une conception statique de l'être au fait de mouvement sans fin parmi les perspectives du devenir, qui semble seul conciliable avec la notion d'existence.

Après avoir formulé avec *la Dépendance de la morale et l'Indépendance des mœurs* la nécessité de la présence, dans le développement de l'existence, de ce principe de devenir échappant à la loi et à la déduction, vierge des étreintes de la raison et de l'étau du calcul, on a donc montré avec *la Réalité amoureuse*, avec *le Romantisme de la Raison* des

états concrets où ce principe même est en question
et doit recevoir sa forme, non du jeu de la dialectique, mais de l'épreuve du conflit. Enfin, avec
Une signification nouvelle de l'idée d'évolution,
on n'a pas redouté de mettre en lumière, en exposant les lois de constance de M. Quinton, un fait
de fixité qui pourrait sembler, au regard d'un examen superficiel, en contradiction avec le principe
d'instabilité et d'arbitraire dans l'aléa dont on a
fait la norme de l'existence. Aucun exemple, en
effet, ne pouvait montrer d'une façon plus saisissante
comment cette instabilité fondamentale s'accommode de principes secondaires de fixité, comment
elle les exploite. Aucun exemple n'était plus propre à illustrer cette théorie, essentielle à la conception du Bovarysme, de la réalité comme d'un
compromis, parmi les données premières de l'incoordonné et de l'aléa, entre une part de système
et une part conservée d'aléa et d'arbitraire.

Selon la théorie biologique de M. Quinton, la
cellule vivante, personnifiant la vie, requiert, pour
sa production et sa conservation, des conditions
déterminées et fixes quant à la température qui
l'environne, quant au degré de concentration du
milieu liquide où elle baigne, quant à la composition chimique de ce milieu. Elle fait voir que l'évo-

lution des formes animales a pour objet de maintenir au contact de la cellule vivante chez les espèces supérieures, c'est-à-dire chez les espèces les plus évoluées, les conditions mêmes qui présidèrent à la genèse de la vie. Voici le fait de constance, tel est le phénomène de fixité qu'elle met en scène. Mais ce fait de constance, comme tout fait de cet ordre, est dominé par un fait primitif d'instabilité et de variation parmi les péripéties duquel il se formule. La théorie de M. Quinton postule en effet expressément le changement continu du milieu cosmique parmi lequel la cellule vivante est apparue à quelque moment. Elle postule entre autres l'abaissement indéfini de la température du globe, l'accroissement continu du degré de concentration des mers où, sur un globe entièrement submergé, la cellule originelle naquit. C'est en présence et à l'encontre de ce changement, c'est parmi cette instabilité des circonstances cosmiques que la fixité biologique se formule et prend un sens. Et comment se manifeste-t-elle elle-même? En introduisant dans l'ensemble un nouveau principe de changement.

Plongée au sein d'un vaste milieu changeant, alors qu'elle requiert, pour sa persistance, des conditions invariables, la cellule vivante est contrainte d'interposer entre ce milieu et elle un nouveau milieu étroit où elle conserve ou reproduit, par la mise en œuvre d'une industrie constante, ces conditions invariables. Cette manœuvre s'exprime dans les associations que forment entre elles les cellules pour la création des organismes. Dans les organismes, les cellules, comme en des chambres closes, élèvent la température au degré qui leur est propice. Dans les organismes, les cellules conservent les sels qui leur sont nécessaires et au contact desquels elles s'électrisent et prospèrent, et elles conservent ces sels concentrés à un degré d'élection, parmi des liquides retenus ou éliminés dans les proportions qui conviennent. Mais les conditions du vaste milieu extérieur changeant et empirant d'une façon continue, un remaniement incessant des organismes est nécessaire. La puissance de chauffe, entre autres, doit être accrue progressivement, exigeant des modifications dans la structure des appareils de combustion, le poumon et l'estomac notamment, dont la transformation entraîne celle des autres organes. Ce remaniement incessant constitue l'évolution.

Pour maintenir sa fixité, pour demeurer semblable à elle-même, la vie, la cellule biologique, introduit donc dans l'univers les épisodes d'un mouvement nouveau, la fixité qu'elle réalise est un point d'équilibre entre deux mouvements. Elle ne se conserve qu'en développant à l'encontre des forces du cosmos des forces adverses. Elle est un cas précis de l'opposition universelle.

M. Quinton, en savant qui sait voir la portée de ses découvertes, a relevé à sa façon ce caractère d'opposition. Selon une image saisissante, il a dénoncé l'évolution comme une insurrection de la vie contre l'ensemble des forces du cosmos. Avec l'évolution, la cellule vivante refuse en effet de s'adapter aux circonstances changeantes du milieu, elle s'insurge, construit des barricades, transforme incessamment les organismes derrière lesquels, dans l'intérieur desquels elle résiste victorieusement à l'hostilité du milieu, et c'est, à vrai dire, le milieu qu'elle adapte. L'homme qui, par son intelligence, par l'invention du feu, des vêtements, des maisons a continué de vivre parmi des circonstances climatériques qui eussent dû le faire périr, est un cas remarquable de cette insurection, de ce refus d'obéir et de subir. Mais l'homme a un ancêtre qui inaugure bien avant lui cette résistance : le vertébré qui, sans les moyens indirects de l'industrie humaine, a su résister victorieusement, lui d'abord, à l'abaissement général de la température et, dans

les mers, à l'élévation de la pression osmotique.
« Quand l'homme, observe M. Quinton, s'attaque
aux forces naturelles qui l'entourent pour les
dominer dans ce qu'elles ont d'ennemi, il participe
d'abord du génie du vertébré (1). »

Cette insurrection est un cas typique du fait
d'opposition et de contradiction de soi-même où
l'on a fait tenir la définition de l'existence. Elle
dénonce, par une application concrète de la plus
haute valeur, le caractère primordial de ce principe. Ce qu'il faut en effet mettre en évidence avec
M. Quinton, c'est l'inversion que sa théorie implique de l'explication généralement acceptée du fait
même de l'évolution. On y voyait une adaptation,
il y voit un refus d'adaptation. Et, en réalité, dans
tous les cas où il y a modification organique, changement de l'organisme actuel en un nouveau, c'est
à-dire évolution, la cellule vivante manifeste, par
cette métamorphose, sa volonté de ne pas subir les
circonstances nouvelles, elle entre en rébellion contre les forces du cosmos ; l'activité par laquelle elle
modifie l'organisme où elle est enfermée a pour
but précis de ne point s'adapter, de maintenir autour d'elle, parmi les circonstances générales d'un

(1) *L'Eau de mer milieu organique.* Masson, p. 454.

milieu nouveau, les circonstances particulières d'un milieu ancien. Or, ce refus d'adaptation semble participer du miracle, et il le faudrait tenir pour un défi aux lois du déterminisme si l'on n'y voyait un cas de ce principe de contradiction de soi-même inhérent au fait de l'existence dont on expose le caractère fondamental. Sous jour, tout s'éclaire et la loi d'adaptation, délégation de la tendance à l'harmonie universelle, trahit le caractère subordonné de son action : si elle intervient encore dans le jeu de l'univers, c'est sous la condition et parmi les données d'une opposition qui la domine. En soi elle est la voie par laquelle les choses rentrent les unes dans les autres, s'unifient et s'identifient. Comme l'harmonie universelle, l'adaptation universelle s'avère un euphémisme pour signifier le non-être. Si en effet la matière vivante engendrée à quelque moment par le processus indéfini des forces cosmiques allait s'adaptant sans cesse à toutes les phases de ce processus, il n'y aurait pas de réalité biologique saisissable, parce qu'il n'y aurait pas de réalité biologique distincte du processus cosmique lui-même. Mais par l'obstacle qu'elle oppose à ce flux incessant du devenir, la réaction biologique, c'est-à-dire le principe d'opposition qui agit dans l'évolution, crée un point relativement fixe qui s'immobilise parmi l'écoulement des choses et fait émerger, au-dessus de ce devenir amorphe, des entités personnelles et distinctes.

Ainsi l'évolution, identifiée avec le fait d'insurrection que dénonce la théorie de M. Quinton, perd,
dans les cadres de l'opposition universelle, son
caractère merveilleux. Elle se range sous le déterminisme majeur du principe d'opposition. La cellule vivante s'oppose aux forces du cosmos et, s'y
opposant, se distingue d'elles selon le développement et selon l'action du même principe en vertu
duquel l'existence, dans la relation fatale où elle
s'associe à la connaissance d'elle-même, accomplissant une analyse par le moyen d'une synthèse,
se conçoit dans l'opposition de l'objet au sujet, se
réalise dans un déchirement de sa propre substance
et dans la contradiction d'elle-même.

Parmi les perspectives de cette opposition primordiale, voici d'ailleurs, en biologie, avec le
changement indéfini du milieu cosmique d'une part,
avec la réaction biologique d'autre part, les deux
pouvoirs opposés, pouvoir de division, d'éparpillement, de dispersion d'une part, pouvoir d'arrêt
d'autre part, que l'on a mis aux prises dans *le Bovarysme* et dans *la Fiction universelle* pour montrer
toute réalité se formant au points où ces deux pou

voirs se neutralisent, engendrant des états de stabilité relative, des faits de répétition dans la durée.

D'ailleurs, ce n'est pas seulement en ce qu'elle illustre la nécessité du principe d'opposition et nous montre la réalité biologique comme un compromis entre deux forces qui se contredisentque la théorie des lois de constance peut être invoquée à l'appui de la conception que l'on s'est formée du fait métaphysique de l'existence. Elle ne confirme pas avec moins de force l'absence de finalité, au sens messianique du terme, que l'on tient pour inhérente au fait de l'existence. Car en nous révélant le pourquoi de l'évolution, elle nous révèle son but : l'un et l'autre se confondent, l'évolution a, pour raison d'être et pour but, le maintien au contact immédiat de la cellule vivante des conditions favorables à sa prospérité. Or, ce but est constamment atteint : il se confond avec le fait de l'existence biologique, entre dans sa définition, la conditionne, y est à tout instant présent, à tout instant réalisé, — sans quoi cette existence ne serait pas. En même temps, ce n'est pas un but statique, un terme vers lequel toutes les séries phénoménales, attirées tour à tour, viendraient s'anéantir dans leur réalisation. Mais c'est un but dynamique que

l'instabilité du processus cosmique déplace continûment, en sorte que des énergies tendues doivent, à tout moment, se déployer pour le toucher.
Le but de la vie, c'est la vie, la vie que des circonstances critiques d'une fatalité formidable menacent
à tout moment de détruire et qui ne se maintient
qu'en modifiant et en perfectionnant, au prix d'un
constant effort, le système de défenses qu'elle oppose
à l'hostilité croissante du milieu.

M. Edmond Perrier, rendant à Lamarck le juste
hommage qui lui est dû, s'efforçant de faire saisir
la grandeur philosophique de l'idée qu'il a introduite
dans le monde avec le principe de l'évolution, a
constaté récemment que l'homme, produit de l'é-
volution, ne peut durer qu'à la condition de conformer aux lois de l'évolution les institutions qu'il
se donne. Voici un grand point de vue et qui lie,
par les chaînes d'un déterminisme scientifique, la
conduite humaine aux destins de l'univers. Une
telle considération pourrait fonder la morale scientifique dans son opposition avec tous les modes de
la morale théologique. Notons toutefois que si l'i-
dée d'évolution est grosse de cette conséquence
morale et sociale, en sorte que le génie de Lamarck
jalonne la voie par laquelle il faut passer pour y
accéder, cette conséquence elle-même de la subor-

dination de la conduite aux lois de l'évolution ne pouvait être tirée qu'à la condition que la raison d'être et le but de l'évolution nous fussent signifiés. Or, loin que ce but et cette raison d'être nous fussent jusqu'ici divulgués, le thème de l'évolution prêtait à des interprétations philosophiques où le mysticisme le plus aigu se donnait carrière. La philosophie de l'évolution, qu'il ne faut pas confondre avec la notion scientifique de l'évolution, n'a été jusqu'ici qu'une transposition en même temps qu'une consécration du Messianisme dont toutes les religions se sont inspirées et où elles ont trouvé leur force persuasive, elle n'a été qu'une forme nouvelle de la conception du Royaume de Dieu, une forme nouvelle du mirage et de la conception du but à atteindre, du but projeté toujours *dans l'avenir*. Il semble même qu'avec l'idée d'un progrès indéfini, rebelle par conséquent à toute réalisation, elle ait donné la formule définitive de ce bonheur du lendemain sur lequel se fondent toutes les morales messianiques. Faute de connaître le pourquoi de l'évolution, on a pris pour un progrès absolu vers un but que l'on imaginait pressentir et deviner dans les perspectives d'un futur lointain, auquel chacun prêtait la forme de son désir, ce qui n'est qu'une suite de moyens de plus en plus compliqués pour maintenir un contact constant avec ce but à tout instant atteint et qui à tout instant se déplace. Il faut donc constater qu'en nous divulguant le pourquoi de l'évolution des organismes M. Quinton a restitué à l'idée d'évolution sa signification sobre et précise. C'est la divulgation de ce pourquoi qui seule nous peut mettre à même de conformer aux lois de l'évolution les institutions que nous nous donnons. Faut-il attendre la consécration d'un siècle écoulé pour reconnaître l'importance capitale de pareille notion? En nous apprenant que l'évolution a une raison d'être immédiate, en dévoilant son but, qui est de permettre à la cellule vivante de prospérer parmi des circonstances d'une hostilité croissante, c'est cette notion qui nous met à même de collaborer à cet effort de la vie, d'assigner à notre activité humaine une tâche précise, et une valeur objective.

La morale, au sens ancien, en tant que fondée sur l'idée d'un bien en soi prise pour norme des actions, peut bien avoir encore une valeur comme fiction, comme moyen de réaliser la fin objective proposée par la biologie, elle n'a plus sa fin en elle-même et l'utilité des fictions sur lesquelles elle se fonde ne se doit plus apprécier qu'en fonction de la téléologie pressante impliquée dans la lutte de la cellule vivante contre l'hostilité progressive des circonstances cosmiques. L'intelligence apparaît comme un des moyens que la cellule vivante s'est inventés pour résister au milieu et pour se conserver. C'est ce qu'a bien vu M. Remy de Gourmont, c'est là le fait d'utilisation dont il a analysé les phases dans son récent essai, *Une loi de constance intellectuelle* (1). La moralité, en tant qu'elle permet aux hommes de vivre en société et d'unir leurs efforts pour augmenter leur puissance, est aussi un moyen pour le même but et qui se montre subordonné au premier, qui n'a pas en soi son explication.

La théorie de M. Quinton apporte donc au vœu de systématisation universelle qui anime les moralistes de toutes les époques l'appoint le plus formidable qui puisse favoriser leur point de vue : car elle assigne à la morale un but qui, pour la première fois, n'est point imaginaire, elle classe le fait moral parmi les objets que les sciences positives peuvent atteindre. Elle réalise ainsi une hypothèse émise par M. Lévy Brühl dans *la Morale et la Science des Mœurs* (2), selon laquelle quelque grande découverte d'ordre scientifique pourrait quelque

(1) *Mercure de France* des 15 mai et 1er juin 1907.
(2) **Alcan.**

jour désubjectiver la matière des mœurs et, donnant une extension plus grande à la notion de nature, soumettre le phénomène moral aux mêmes mesures précises auxquelles se prête le phénomène physique.

En exposant cette conception nouvelle du fait biologique, on a donc cru opposer à la thèse d'indépendance du phénomène des mœurs qui est l'objet de cet ouvrage, au caractère incalculable qui y est donné comme essentiel au développement de l'existence, l'objection la plus grave que ces points de vue eussent à redouter. Il a semblé que cette thèse d'indépendance acquerrait une grande force si l'on réussissait à faire voir que le principe de déterminisme nouveau, introduit parmi les données de l'empirisme par les lois de constance biologique, s'accommodait du caractère incalculable du phénomène de l'existence et s'y subordonnait. Or, si la théorie des lois de constance donne à l'évolution une signification positive, si elle met fin aux interprétations mystiques auxquelles l'évolution prêta, si elle indique à l'humanité quelques-unes de ses directions, si, fait considérable entre tous, elle permet de systématiser, en lui attribuant une valeur objective, une part importante de la matière des mœurs, elle ne touche en rien à l'essence incalculable du phénomène général de l'existence. Elle nous dit quelles conditions relativement étroites, déterminées et fixes l'entité biologique requiert pour sa réalisation, mais si elle distingue quelques-unes des circonstances hostiles contre lesquelles cette entité doit se prémunir, elle ne les distingue pas toutes et quant à celles-là même qu'elle signale, elle ne nous les fait connaître qu'imparfaitement quant au degré de leur intensité, quant au degré d'accélération selon lequel s'accroît le danger dont elles contiennent la menace, quant au retentissement qu'elles peuvent avoir les unes sur les autres en raison de leur simultanéité ou de leur succession et par où leur puissance peut être accrue ou diminuée. Enfin, ce qui demeure aussi au plus haut point aléatoire, c'est l'intensité des forces de résistance qui pourront être opposées par l'entité biologique à ce processus de circonstances hostiles, c'est aussi le caractère d'opportunité et de convenance des moyens de défense mis en œuvre.

On expose dans la première étude de ce volume pourquoi nécessairement, *en vertu de la nature de la connaissance qui fait partie de la nature des choses,* le processus selon lequel l'existence *devient* implique à tout moment un destin incalculable, quelque intelligence que l'on imagine opérant dans le monde. Il suffit de montrer ici que, sous le jour de la théorie nouvelle, les choses se passent comme s'il en était ainsi. Or, l'histoire de l'évolution, interprétée de ce point de vue, nous apprend qu'en fait la cellule vivante a essayé à tout moment, en toute circonstance critique, non d'un seul, mais de plusieurs moyens pour se garer des dangers qui la menaçaient. Il apparaît donc que ces mesures de sauvegarde ont été adoptées, non pas en vertu d'un dessein prémédité qui supposerait un plan concerté, une intervention métaphysique selon laquelle chaque circonstance hostile du milieu susciterait aussitôt de la part de l'entité biologique une réaction appropriée, mais en vertu de décisions brusques et hasardeuses, au gré des inclinations, des idiosyncrasies et selon le degré de force des organismes menacés, selon le pouvoir de transformation variable et incertain dont ils étaient pourvus. Entre ces décisions diverses, entre ces sortes de réactions variées, l'avenir seul a décidé, lesquelles furent opportunes et lesquelles malchanceuses. A l'heure actuelle, le même aléa persiste et, parmi divers moyens de résistance institués par diverses entités et que la science biologique nous fait connaître, la science n'est pas en mesure de pronostiquer avec certitude lesquelles prévaudront.

Sans entrer ici dans un détail prématuré, on signalera seulement deux modes de résistance nettement différenciés, par lesquels l'entité biologique a répliqué, réplique actuellement encore à l'hostilité du milieu et en vue de simplifier l'exemple, on ne considérera cette hostilité que sous le seul aspect du refroidissement. Le premier de ces modes est directement physiologique : avec les espèces les plus évoluées, avec l'oiseau notamment, selon la théorie, la cellule vivante s'est constitué des organismes dans l'intérieur desquels et au moyen desquels elle a augmenté son pouvoir calorifique jusqu'au degré où il compense le refroidissement survenu depuis l'apparition de la vie sur le globe, en sorte que, parmi le milieu extérieur devenu hostile, elle s'est créé un milieu clos immédiat pareil à celui qui la fit naître, et où sont maintenues les conditions les plus favorables à sa prospérité. A cette tactique s'en oppose une autre : elle se manifeste avec le perfectionnement des organes cérébraux qui a atteint dans l'homme son apogée, avec le fait de l'intelligence considérée, non pas comme fait de conscience, mais comme pouvoir d'adapter un moyen à une fin. L'homme, qui ne peut élever normalement sa propre température au_delà de 37 degrés et demi environ, témoigne, à l'égard de l'oiseau, qui élève la sienne jusqu'à 43 et 44 degrés, d'une infériorité évidente. Mais il compense cette infériorité au moyen du pouvoir dont il est doué de modifier par son industrie, par l'intervention intellectuelle, le milieu extérieur lui-même. Par cette intervention, il sait utiliser à son profit, au profit de l'entité biologique dont il défend la cause, les éléments du milieu extérieur et jusqu'aux forces ennemies du cosmos : il invente le feu, les vêtements, les maisons. Entre ces deux moyens de défense, — les circonstances hostiles s'aggravant, c'est-à-dire la température s'abaissant, — lequel se montrera-t-il le plus sûr et le plus efficace? Jusqu'à quel point, d'une part, les organismes pourront-ils être transformés, jusqu'à quel degré leur pouvoir d'accroître leur propre température intérieure pourra-t-il être porté? Jusqu'à quel point, d'autre part, l'ingéniosité humaine parviendra-t-elle à compenser une infériorité physiologique qui ira s'aggravant sans cesse? Jusqu'à quel point trouvera-t-elle dans le milieu extérieur, à l'état de matériaux propres à être transformés par elle, les éléments utiles à sa conservation? Aléa.

Aléa. Faute de pouvoir déduire, parions donc.

Parions pour l'intelligence humaine, parions pour
nous-mêmes, et essayons de calculer notre chance.
Un point semble acquis sous le jour de la théorie;
l'importance de l'intelligence, l'importance d'une
civilisation scientifique. C'est en effet par sa connaissance des lois du cosmos, par son ingéniosité
à en tirer parti, que l'homme pourra compenser
l'état d'infériorité où il se trouve déjà réduit, où
il va de plus en plus être réduit au point de vue de
la résistance aux circonstances hostiles par les
moyens physiologiques directs. Mais cette importance du développement intellectuel étant reconnue, ou supposé qu'elle le soit, les questions morales vont se poser immédiatement. Quel est le
meilleur moyen d'obtenir une civilisation scientifique? Faut-il employer et préparer par un entraî-
nement raisonné la foule des hommes à ce labeur
intellectuel? N'y faut il pas plutôt destiner une élite
à laquelle la masse sera subordonnée? Démocratie?
Aristocratie? Dans quelle mesure ces deux principes, s'il faut qu'ils coexistent, devront-ils se com-
biner? D'ailleurs, de même que l'exercice de la philosophie, l'exercice de la pensée scientifique exige
d'abord que l'on vive. Vivre, de quelle façon?
Quelle part dans le développement humain devra
être attribuée aux désirs du bien-être matériel,

4.

quelle part aux satisfactions intellectuelles? Quelle sera la part du ventre? Quelle sera la part du cerveau? Cette question en entraîne une autre? Dans quelle mesure devra être favorisé le peuplement du globe? Malthus ou la maxime du dieu biblique « croissez et multipliez »? Dans quelle mesure enfin la solidarité devra-t-elle s'accorder avec l'instinct de rivalité? Paix ou guerre? Dans quelle mesure les instincts individuels, sentiments sexuels, sentiments de famille devront-ils être subordonnés à l'intérêt général, dans quelle mesure pourront-ils s'exercer librement?

La préoccupation objective que la loi biologique suscite pose ainsi toutes les questions que la morale de tous les temps a résolues avec diversité en se fondant et se fortifiant sur des fictions. Mais la connaissance de l'intérêt objectif et réel d'un tel débat ne nous met pas en mesure de le trancher. Nous ne connaissons pas les circonstances précises contre lesquelles nous avons à lutter. Il nous faut à tout moment nous décider et prendre parti *avant que* les éléments positifs d'une décision rationnelle soient en notre possession. Nous prenons parti au hasard et les forces dont nous disposons pour faire triompher notre parti-pris nous sont également inconnues dans leur rapport avec celles que d'autres hommes, d'autres groupes sociaux peuvent mettre au service des leurs. Le même caractère d'aléa qui éclate avec la double tentative de l'entité biologique en vue de se défendre contre l'hostilité cosmique, soit par les moyens physiologiques directs, soit par les moyens intellectuels, se manifeste avec toutes les conceptions morales par lesquelles les mentalités et les sensibilités humaines s'opposent les unes aux autres. Par delà le domaine de nécessité objective que la science déplace à tout moment, il existe à tout moment un domaine d'aléa dans lequel l'activité humaine s'exerce sous la forme du pari, où pour chacun le *parti-pris* en faveur de sa propre sensibilité, de son propre désir est la seule raison raisonnable de *prendre parti*. La vie, qui est en soi un fait d'opposition et de contradiction, impose ici à tout être vivant la nécessité du conflit, la nécessité d'opposer, sans motif raisonnable, son propre penchant aux autres penchants, la nécessité de se départir de l'attitude scientifique pour engendrer la matière future de la science dans la spontanéité d'une énergie qui, sans plus, s'affirme et court les risques de la lutte, la nécessité d'abandonner la recherche de la loi pour fonder la loi, pour la fonder par l'épreuve, sur le déterminisme de la force.

Ces explications ont semblé nécessaires pour montrer le lien qui unit entre elles les diverses études de ce volume. Elles tendent toutes à mettre en évidence l'idée maîtresse que l'on a exprimée en cette préface, à savoir : la présence dans le phénomène de l'existence d'un principe de développement aléatoire, incalculable en son devenir et par la vertu duquel l'existence échappe à la possibilité d'une systématisation totale, aux prises d'un rationalisme intégral.

Les philosophes qui ont tenté de nos jours d'introduire dans le jeu de l'existence un principe de contingence ont été guidés, le plus souvent, par l'arrière-pensée d'insinuer, à la faveur de ce principe, un élément de liberté dans le jeu des activités humaines. Est-il besoin de dire que tel n'est point l'objet que l'on s'est proposé ici. On ne voit pas d'ailleurs comment la présence dans l'univers d'un principe de développement incalculable quant à ses conséquences et qui se manifeste dans les consciences individuelles sous la forme d'un parti-pris non motivé, avec la fatalité d'un désir ne laissant point de place à l'apparence d'un choix pourrait témoigner d'une façon quelconque en faveur du libre arbitre. Faut-il enfin rappeler que, toutes les fois que l'occasion s'est proposée de traiter d'un tel sujet, on ne s'est pas demandé si un libre arbitre est possible, mais si l'idée en est seulement concevable : à cette question préalable on a constamment opposé une réponse négative. Mais en introduisant dans le monde la conception de l'incalculable, c'est contre l'idée d'un finalisme métaphysique que l'on s'est prémuni. Il a semblé que l'idée de finalité appliquée au tout était plus incompatible encore avec l'idée d'existence lorsqu'elle se recommandait de la raison qu'elle ne l'était sous les auspices de la théologie. On a donc cru devoir montrer que le mécanisme logique étant conditionné par le fait de l'existence, étant de ce fait une conséquence, ne pouvait mettre ce fait lui-même en péril.

Une telle démonstration est impliquée dans la relation indissoluble selon laquelle on a fait voir que l'existence est liée à la connaissance d'elle-même et réalise cette connaissance dans la distinction de l'objet et du sujet. Ce mouvement de division de l'existence avec elle-même nous dénonce un principe de développement qui, selon une nécessité logique, précède et conditionne la connaissance et la logique ; il nous fait toucher l'irrationnel. Il nous signifie encore que l'inharmonique est à la base de l'existence et la conditionne, que l'existence divisée avec elle-même dans la connaissance d'elle-même où elle se réalise est inconciliable avec le fait d'une harmonie finale où la diversité des choses s'évanouirait dans l'identité universelle.

Juillet 1907.

LA DÉPENDANCE DE LA MORALE

ET

L'INDÉPENDANCE DES MŒURS

I

Lorsque nous énonçons que des lois régissent tel ou tel ordre de phénomènes physiques, le cours des astres ou les combinaisons des corps, nous savons que nous employons une métaphore. Les lois, qui n'existent que dans notre esprit, ne régissent pas les phénomènes. Elles expriment ce qu'il y a d constant dans les manières d'être propres aux phénomènes, et si nous formulons des lois, c'est que nous avons d'abord observé des faits. Les lois sont des déductions tirées de l'expérience. Si, après avoir établi une loi à l'égard de quelque ordre que ce soit de phénomènes physiques, il nous arrive d'observer que l'un des phénomènes de cet ordre ne s'accommode pas de la loi, c'est à la loi que nous donnons tort, non au fait. Les lois physiques sont des dépendances des phénomènes physiques.

S'agit-il des phénomènes moraux, tout change. L'expérience est ici sans autorité. On suppose que les lois morales tirent leur légitimité d'un principe différent de celui dont les lois physiques tirent la leur. Ce principe est tour à tour la volonté divine ou la Raison qui n'est, au sens ontologique qu'elle assume ici, qu'un déguisement abstrait de l'arbitraire divin. Sous ce jour, les lois morales, expression d'une activité différente de celle que nous touchons dans l'expérience, soutiennent, avec les phénomènes auxquels elles s'appliquent, un rapport inverse de celui que nous observons entre les lois et les phénomènes du monde physique. Tandis que les lois physiques sont des déductions tirées du jeu des phénomènes physiques, les phénomènes moraux se voient déduits des lois morales. Aussi, lorsque les phénomènes de cet ordre ne s'accommodent pas des lois morales, ce n'est pas à celles-ci que l'on donne tort, mais à ceux-ci : on les dit immoraux. Ce désaccord ne laissant pas que d'être fréquent, on a dû inventer tout un ordre de sanctions invisibles, justice immanente, joies et peines futures, qui réparent l'échec apparent imposé par le phénomène à la loi. A ce prix, les phénomènes moraux, c'est-à-dire les mœurs, tombent sous la dépendance de la morale.

Cette construction n'est pas sans entraîner quelques incommodités. La principale est qu'à côté des éléments ordinaires de la connaissance qui, sous la diversité de leurs aspects, relèvent d'un même principe de développement spontané et s'offrent à nous dans l'expérience, elle en suppose d'autres qui ne supportent avec les données de la connaissance naturelle aucune commune mesure. Au monde physique on oppose le monde moral en vue duquel on décrète un statut spécial. Dès lors, une représentation de l'universalité des phénomènes sur un plan commun cesse d'être possible. Le principe de causalité, qui est notre grand moyen d'explication, qui est le nœud avec lequel nous assemblons en un même tissu les éléments divers de l'expérience, le principe de causalité, désavoué en ce qui touche aux phénomènes du monde moral, se voit remplacé par un principe d'arbitraire invérifiable, indéterminable, qui infirme ses déductions. Le monde devient inintelligible sous le jour de l'expérience et de la raison explicative. On ne renonce pas pourtant à le connaître, mais l'interprétation que l'on s'en forme repose sur un acte de foi, c'est-à-dire sur un état de volonté.

Aussi longtemps que cet acte de foi, fidèle à ses origines, se réclame de ce seul parti pris volontaire,

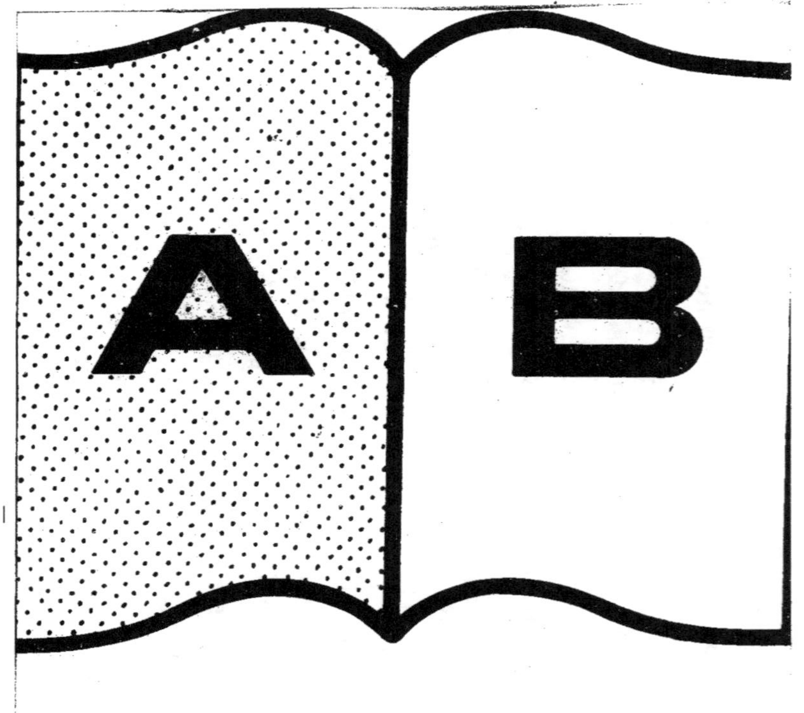

Contraste insuffisant

NF Z 43-120-14

il est inattaquable par les moyens intellectuels,
puisqu'il récuse leur valeur, et c'est là le pur état
dogmatique. Mais si les dogmes sont inattaqua-
bles par les moyens intellectuels, ils ne manquent
pas, à la façon de tous les éléments irréductibles
de la volonté, de mener entre eux, en raison même
de cette irréductibilité, des luttes sans merci, des
guerres d'extermination dont l'histoire témoigne.
Chaque dogme, attribuant à ses affirmations un
caractère d'universalité, considère logiquement
tous les autres comme la négation de sa propre
réalité. Or, cette hostilité ne tarde pas à leur faire
perdre bientôt le bénéfice de leur attitude intangible, à les faire déchoir de leur état de pureté primitive. Bien que les dogmes soient, en leur principe, une simple affirmation du vouloir, le contenu
de cette affirmation n'en implique pas moins une
intervention intellectuelle préalable, toute langue
et toute syntaxe au moyen desquelles toute idée,
fût-elle la plus excentrique, s'exprime, supposant
un prodigieux travail antérieur d'élaboration, de
systématisation des éléments de l'esprit. Pour répondre aux attaques des dogmes adverses qui le
menacent, tout dogme use d'abord de la violence,
mais il fait bientôt appel aussi à ce système
logique, qui est, quoi qu'il en ait, son moyen d'ex-

pression, à ce système prodigieusement ancien et merveilleusement hiérarchisé qu'est l'intelligence humaine avec ses lois ou ses conventions auxquelles nul esprit ne peut se soustraire sans se mettre lui-même en péril parce qu'elles sont le moyen de son pouvoir sur les choses. Dès qu'ils ont fait cet appel, les dogmes, en tant que dogmes, sont condamnés à échéance plus ou moins brève. La puissance qu'ils ont appelée à décider entre eux va les condamner tous. Pourtant leur disparition ne va point sans transitions, et longtemps encore, sous l'influence de l'ancienne sensibilité, le mécanisme logique de l'esprit pris pour arbitre, mais faussé toujours en quelque endroit par l'instinct théologique, demeure contraint de témoigner en faveur du dogme.

La dernière grande entreprise de falsification de cette sorte fut le Kantisme de *la Raison pratique*. On va s'efforcer, en une brève analyse, de faire toucher l'endroit où l'assemblage systématique, en quoi consiste le jeu intellectuel, a été faussé par la seconde *Critique* et, du procédé même mis en œuvre par Kant pour obtenir cette déviation, on s'appliquera à faire sortir les déductions positives que comporte le fonctionnement légitime de ce jeu mental. Cette analyse aura pour conséquence de placer les phénomènes appelés moraux sur le

même plan de connaissance que tous les autres et
de rétablir à leur endroit la relation d'antériorité
du phénomène par rapport à la loi, du fait concret
par rapport à la formule abstraite, que l'on a vue
invertie par le dogme. Il apparaîtra alors, semble-
t-il, que les phénomènes relatifs à la conduite sont
donnés dans l'expérience comme les autres phénomènes, en sorte que la morale, soit l'ensemble des
lois qui, à un moment quelconque de l'évolution
historique, s'appliquent aux modes de la pratique
humaine, est une dépendance des mœurs, des
mœurs, c'est-à-dire d'un ordre de phénomènes spé-
ciaux dont on s'efforcera de préciser le caractère
et d'établir la généalogie.

On pourrait contester la distinction établie par
Kant entre la forme et le contenu de la connaissance. Il le faudrait faire si l'on devait nécessairement attribuer à cette distinction le sens d'une
opposition, d'une différence de nature et d'origine
entre cette forme et ce contenu. Mais si les développements de la pensée kantienne, postérieurs à la
première *Critique*, supposent cette interprétation,
ce fut, au contraire, la volonté expresse et ce fut

aussi le haut mérite de Kant d'inaugurer une méthode purement expérimentale, de fonder sur l'analyse de la seule expérience psychologique jusqu'à la valeur des formes mêmes de la pensée. On acceptera donc la distinction kantienne en lui conservant la signification légitime et féconde qu'elle comporte, en réservant expressément la commune origine dans l'expérience psychologique, de la forme et du contenu. On constatera que c'est pour avoir oublié cette genèse tout empirique de la forme et à la suite d'une faute manifeste contre sa propre méthode, que Kant a pu, dans *la Critique de la Raison pratique* et dans *la Métaphysique des Mœurs*, détourner vers des conclusions dogmatiques les données de l'expérience, en ce qui touche aux formes de la pratique.

Lorsque, en effet, dans *l'Esthétique transcendantale*, Kant s'efforce de déterminer ce qui est *a priori* dans la connaissance, c'est à l'expérience qu'il s'adresse : il constate qu'aucune expérience n'est possible sans l'intervention des notions de temps et d'espace ; il en conclut que ces notions sont *a priori*, qu'elles sont la forme et la condition de toute expérience possible. Est-ce à dire que ces notions soient différentes quant à leur origine des autres faits d'expérience? Pourquoi en serait-il ainsi, si c'est bien parmi les données de l'expérience psychologique que Kant les rencontre? Constater qu'aucune expérience n'est possible que n'y interviennent les notions de temps et d'espace cela ne signifie rien de plus en somme que ceci : à savoir que le temps et l'espace sont des éléments communs à tout fait de connaissance, soit la commune mesure par rapport à laquelle tous les faits de connaissance s'ordonnent, la partie stable du phénomène grâce à laquelle tous les autres éléments instables, qui y apportent différenciation et variété, sont compris en un même système, apparaissent sur un même plan de connaissance et peuvent former entre eux des relations. Après cela on peut attribuer au temps et à l'espace un caractère formel, mais cette attribution n'est rien de plus qu'un nom pour désigner leur universalité, c'est-à-dire le fait qu'ils sont donnés comme éléments dans toute expérience, en sorte qu'ils constituent le fait caractéristique de toute expérience. Ainsi s'efface, entre la forme et le contenu, pour faire place à une remarque de commodité logique, une prétendue différence de nature qui introduirait un hiatus dans le fait même de la connaissance. Les formes de la connaissance tirant leur origine de la même activité qui engendre le contenu, étant une part de ce contenu, n'étant que la partie constante du phénomène, et qui l'identifie, par contraste avec sa part instable qui le diversifie, elles relèvent, comme tout le reste, de la catégorie de l'expérience, issues du jeu d'un même principe, l'activité de la pensée, soit que l'on envisage sous ce terme une substance, soit que l'on n'y voie qu'un pur moyen logique.

Quand, par la suite, Kant décrit et classe les catégories de l'entendement, celles-ci remplissent une fonction analogue à celle que remplissent les formes de l'intuition. Chacune d'elles désigne, qu'il s'agisse des catégories de la quantité ou de celles de la causalité, quelque chose de commun à toute expérience et sans quoi l'expérience ne tomberait pas sous l'entendement. Que cet élément commun, qu'un élément commun quelconque vienne à faire défaut, la synthèse intellectuelle n'est plus possible, les phénomènes épars n'ont plus de liens entre eux et cessent de composer l'ensemble en partie systématisé que nous nommons l'univers. Le caractère formel, déduit ici, comme pour l'intuition, de la stricte analyse de l'expérience psychologique, est un caractère d'universalité et tire de ce seul fait d'universalité son importance, sans qu'il soit besoin de lui attribuer une valeur transcendantale Aucune de ces formes ne préjuge du contenu de l'expérience. Aucune ne promulgue des lois déterminant la nature de ce contenu et ses modalités, sans quoi toutes les sciences seraient déductives, l'observation et l'induction seraient des détours inutiles pour connaître.

Mais si Kant est demeuré fidèle à cette méthode tant qu'il a traité des formes de la connaissance, on ne saurait contester qu'il s'en est départi dès qu'il a traité des formes de la pratique. Le mot forme prend chez lui, en cette matière, une acception toute différente. A s'en tenir à la notion précise que l'on vient de considérer sous ce terme, il est évident que ce qu'il donne ici pour une forme n'en est pas une. Son impératif catégorique, sous les expressions concrètes dont il l'a tour à tour revêtu, ne se fonde plus sur un fait d'universalité donné dans l'expérience, mais sur *l'hypothèse* d'un fait d'universalité dont la détermination suppose, contrairement à toute science critique, la connaissance possible d'une téléologie de l'existence d'ordre purement nouménal. Ce qui pourrait être accepté pour le principe formel de la pratique, à la suite d'une analyse pareille à celle qui permit de déterminer les formes de la connaissance, ni Kant, ni les néocriticistes ne l'ont jamais mis en lumière. Pourquoi? Parce que, défini, ce principe n'eût pu rendre les services que l'on attendait de lui, parce qu'il se fût montré entièrement extérieur aux idées de devoir, de liberté et de responsabilité morale qui constituent l'éthique kantienne, de même qu'elles constituaient déjà, sur d'autres fondements, l'éthique chrétienne et spiritualiste, parce que ce principe formel, à la façon des formes de la connaissance, se fût montré indifférent aux divers aspects de son contenu, parce qu'étant vraiment une forme il n'eût plus été une source de causalité et ne fût intervenu que pour figurer l'élément commun à tous les phénomènes compris sous la catégorie morale, l'élément qui les identifie, les distinguant par sa présence de ceux des autres catégories, mais laissant place à ses côtés à d'autres éléments par lesquels ces phénomènes se distinguent les uns des autres.

Cette définition d'une forme de la pratique que Kant n'a point produite, on va tenter de la donner ici, persuadé que l'on est de la valeur de la méthode analytique de Kant, persuadé qu'à travers cette distinction de la forme et du contenu, dans les termes de la signification que l'on a attribuée à l'une et à l'autre, on doit atteindre la source commune de toute connaissance, l'expérience, de façon à en faire jaillir un enseignement fécond.

Si la forme de la connaissance est constituée par l'ensemble des conditions qui accompagnent nécessairement tout fait de compréhension, quel que soit le contenu variable du phénomène par où il s'objective et se différencie, c'est-à-dire, quel que soit le caractère particulier de l'objet perçu ou de l'idée conçue, la forme de la pratique, selon un parallélisme rigoureux, sera constituée par les conditions qui accompagnent nécessairement toute action, quel que soit d'ailleurs le caractère particulier de cette action. Or, si, pour déterminer ces conditions, on recherche quel est l'élément dont la présence s'observe en tout acte réputé moral, à défaut duquel un acte cesse d'apparaître à l'esprit sous cette catégorie, on est amené à constater que cet élément consiste en un jugement, accompagnant, dans l'esprit de qui va accomplir un acte, l'exécution de l'acte, jugement qui approuve ou désapprouve, conclut à faire ou ne pas faire, à un oui ou à un non, et qui place les qualificatifs bon et mauvais sur les solutions opposées engendrées par l'alternative. Cet élément a bien le caractère formel, il est bien comparable, à l'égard de l'action, à ce que sont, à l'égard des objets saisis par l'intuition ou par l'entendement, les idées de temps, d'espace, de cause, de quantité. Il décide de l'exis-

tence, de la réalité du phénomène sans rien pré-
juger de son contenu ni de ses modes. Telle quelle,
cette forme de la pratique implique purement et
simplement, de la part du sujet volontaire, *un fait
de non-indifférence* à l'égard de l'acte à accomplir, elle implique que tout acte, dans son rapport
avec le sujet particulier qui va l'exécuter, *est jugé*
par celui-ci bon ou mauvais. Ceci et rien de plus.
Ceci, sans plus, suffit à classer un phénomène sous
la catégorie morale, à le distinguer du phénomène
physique dont la causalité a sa source en une activité étrangère à un sujet conscient, à le différencier
d'un acte automatique, d'un réflexe.

Dire que cet acte *est* en réalité bon ou mauvais
pour le sujet serait déjà tirer de la forme de la pratique une déduction qu'elle est impuissante à fournir et qui ne peut être établie que par l'empirisme.
Mais Kant ne s'en est pas tenu à ce premier abus
et il a fait entrer dans son idée du devoir la conception d'un bien en soi selon laquelle l'acte a une
valeur indépendante de sa relation avec le sujet,
une valeur déterminée par sa relation avec une entité
nouménale qui, aux termes de la première critique,
ne peut être atteinte par la connaissance, en sorte
que tout ce qui peut être dit à son sujet relève du
dogmatisme le plus arbitraire.

5.

C'est donc ici que l'on situera la substitution faite
par Kant, au cours de ses spéculations, d'un principe dogmatique aux déductions autorisées par l'a-
nalyse de l'expérience psychologique. Au fait de
non-indifférence à l'égard de l'acte à acocmplir que
l'analyse, appliquée aux éléments de la pratique,
révèle, en raison de son universalité, comme la
forme de la pratique, il a substitué, avec l'idée du
devoir, un concept dans lequel il a fait entrer préalablement toutes les conséquences qu'il lui a fait
postuler ensuite, — idées du bien, du libre arbitre
de la responsabilité, du mérite et du démérite, —
au point qu'elles constituent toute sa substance,
au point qu'il n'a, privé d'elles, aucun sens; — en
sorte qu'aucune de ces conséquences n'étant donnée dans l'expérience on peut affirmer, en toute
sécurité logique, du concept lui-même qu'il y est
insaisissable, qu'il n'y existe pas.

A tenir strictement pour la forme de la pratique
le fait de *non-indifférence*, le fait de *partialité* que
l'on vient d'énoncer, on va montrer qu'à la façon
des formes de la connaissance il nous met en relation, par le caractère d'universalité qui nous l'a fait

choisir, avec les divers éléments de la pratique, de la façon la plus utile à nous les faire connaître.

Son premier office est de nous mettre à même de distinguer avec clarté le phénomène moral du phénomène physique. On remarquera en effet que celui-ci est reconnaissable à ce qu'un seul ordre de causes intervient en vue de sa production. Le phénomène moral, au contraire, se montre le produit d'une double série causale, l'une, d'ordre physique, qui détermine l'acte, l'autre, d'ordre intellectuel, qui détermine le jugement porté sur l'acte. Toutefois, ces deux séries causales qui interfèrent, s'accordant ou se combattant pour la production de l'acte, n'en ont pas moins, l'une et l'autre, une commune origine en un déterminisme de même nature et, quand il est question d'une causalité d'ordre intellectuel pour désigner la seconde, cette qualification n'est qu'un moyen de distinguer un phénomène plus complexe d'un plus simple, un fait primitif d'un fait dérivé. Il reste, pour qu'il soit possible de traiter des rapports de ces deux séries entre elles, — après les avoir distinguées par des noms, — à les identifier quant à leur nature. C'est dire qu'il reste à rechercher le fait d'ordre physique sur lequel s'est greffée la série causale d'ordre intellectuel à l'extrémité de laquelle apparaît le

jugement porté sur l'acte. C'est dire déjà que la catégorie morale, constituée par l'apparition de ce jugement, n'est pas un élément originel et qu'elle est
une dépendance d'autre chose qu'elle-même.

Cet élément primordial d'ordre physique qu'il
s'agit de découvrir devra donc remplir cette condition de déterminer toujours, chez le sujet qui
accomplit un acte, un jugement de valeur sur cet
acte. C'est à ce prix que cet élément répondra au
caractère formel auquel on a distingué que l'acte
moral était reconnaissable. Or cet élément se manifeste avec la sensibilité, pour user d'un terme
plus précis, avec le goût. Sans le goût, la forme de
la pratique n'a pas de contenu, sans le goût, il n'est
pas de jugement sur les actes et sur les choses, il
n'est point de réalité morale. Mais toute action est
bonne pour un individu donné qui a pour effet de
procurer satisfaction à son goût, toute action contraire est mauvaise. Prise en son sens le plus étroit,
cette énonciation qui substitue, aux termes objectifs et abstraits *Bien* et *Mal* les termes subjectifs et
concrets *bon* et *mauvais*, nous met en possession
du fait éthique élémentaire, de l'atome, en matière
de chimie morale, dont les combinaisons permettent
d'expliquer les complications les plus singulières
des morales sociales, les raffinements les plus sub-

tils des morales individuelles et jusqu'aux inversions mêmes par lesquelles l'individu semble agir directement contre son goût.

Pour faire surgir ces raffinements et ces complications afin d'y distinguer les éléments qui les composent, il suffit de faire intervenir, d'une part, le pouvoir individuel d'imaginer, de réfléchir et de prévoir, et, d'autre part, le phénomène social au sens le plus général du mot, au sens où il désigne le fait d'une pluralité d'éléments en relation nécessaire les uns avec les autres. De ce point de vue, si l'on considère qu'il est impossible de concevoir l'individu en dehors d'un milieu social, où sa sensibilité particulière, avec le goût qui la manifeste, vient en conflit ou en concurrence avec d'autres sensibilités, on concevra aussi que ce goût lui-même ne se rencontre pas à l'état isolé dans le milieu individuel. Dans ce milieu, qui joue à l'égard des divers instincts particuliers le rôle du milieu social à l'égard des individus, ces instincts, ces goûts, ne sont parvenus à s'ordonner, avec plus ou moins de bonheur, qu'à la suite de longs conflits ; il s'est établi entre eux une hiérarchie, plus ou moins stable, en vertu de laquelle beaucoup d'entre eux, dominés par les autres, ont été condamnés à ne pas s'exercer ou à restreindre leur fougue dans des limites fixées. Le même conflit aboutit entre individus aux mêmes compromis : les plus forts, qu'ils soient une élite, qu'ils soient le nombre, satisfont avec plus d'ampleur leurs goûts propres et un plus grand nombre de leurs goûts et de leurs instincts. Les individus les plus faibles, afin de continuer à assouvir leurs goûts les plus forts, sacrifient les moins violents, ceux qui sont au bas de l'échelle dans la hiérarchie de goûts et d'instincts instituée dans le milieu collectif individuel. Si l'instinct de vivre l'emporte en eux sur tous les autres, ils en viennent, placés sous le joug d'individus plus puissants, à sacrifier, par *crainte* de perdre la vie, jusqu'aux plus forts de leurs instincts et de leurs goûts.

Nous touchons donc ici déjà cette inversion selon laquelle l'individu qui possède un goût très violent emploie toute sa force à ne pas satisfaire ce goût : or, s'il agit ainsi, c'est, on vient de l'observer, parce qu'il existe en lui un goût de vivre encore plus fort que les goûts les plus énergiques qu'il aimerait à satisfaire en vivant. La crainte, qui joue un rôle si important dans la constitution des morales, n'est donc ici qu'un nom pour désigner la prépondérance d'un goût, celui de vivre, sur d'autres goûts que l'individu ressent avec force et qu'il se charge pourtant de réprimer lui-même, parce qu'il réfléchit, parce qu'il a le pouvoir d'imaginer, parce qu'il prévoit les conséquences, menaçantes pour sa vie, qu'entraînerait la satisfaction de ces goûts que des individus plus forts lui défendent de satisfaire. Toute cette morale de la crainte, assez compliquée déjà pour masquer ses origines et faire croire à l'intervention d'un principe métaphysique, se construit donc pourtant au moyen des seules notions *bon* et *mauvais* dans leur rapport avec une physiologie individuelle. Est bon l'acte qui satisfait le goût d'un individu concret donné, mauvais l'acte qui contrarie ce goût. Agissant dans le double milieu collectif des instincts et des individus, cette maxime primitive détermine un individu prévoyant et réfléchi à nommer *mal* toute une série d'actes propres à satisfaire *immédiatement* quelques-uns de ses goûts, à nommer *bien* toute une suite d'actes propres à contrarier ces mêmes goûts. Sous cette latitude morale de la crainte, l'homme se crée ainsi des impératifs et des prohibitions formés les uns et les autres en vue de satisfaire un goût de vivre, qui est, à ce stade, son goût dominant.

A mettre en jeu d'autres instincts et d'autres mécanismes psychologiques, on va pénétrer dans

une zone plus tempérée du climat moral et qui va
produire des fruits plus nuancés. Il suffit, pour les
voir mûrir, d'élever le pouvoir, d'imaginer jusqu'au degré où il est assez fort pour faire échec à
la réalité et opposer dans l'esprit, aux formes positives du réel, des formes psychologiques qui, parfois, se brisent à ces formes plus anciennes, mais
parfois aussi les dissolvent et parviennent à les
remplacer. Cette aventure psychologique met en
scène un des aspects de ce pouvoir essentiel que
j'ai nommé le Bovarysme et que j'ai défini la
faculté départie à l'homme de se concevoir autre
qu'il n'est, de concevoir autres qu'ils ne sont, sous
l'empire d'une suggestion ayant pour origine l'intérêt, l'amour-propre ou l'enthousiasme, les mobiles
de ses actes. Or, tout individu en contraignant un
autre, tout groupe d'individus contraignant un
autre groupe, à la suite du premier fait de violence
où il a prouvé la supériorité de sa force, en vient
le plus souvent à employer un subterfuge dont le
succès repose sur ce pouvoir qu'a l'homme de se
donner le change. A la contrainte qu'il exerce à
l'égard d'autrui et qui est de sa part un fait d'exploitation en vue d'une utilité personnelle, celui
qui est le plus fort s'efforce d'attribuer une valeur
d'utilité générale. Il s'efforce, par exemple, de per-

suader que ce qui est pour lui un profit et pour autrui une servitude est ordonné par une loi supérieure, n'émanant pas de lui-même, mais de la divinité ou de la Raison, par une loi qui, en retour de l'obéissance qu'on lui accorde, promet le bonheur. Il fait ainsi que l'impératif qu'il édicte, et qui est pour lui une attitude d'utilité positive, soit pour les autres une attitude d'utilité imaginaire. Par le moyen d'une fiction il universalise dans l'imagination de tous, et de ce fait rend sacré ce qui lui profite en réalité.

Pour que cette fiction tienne ses promesses et soit effectivement une attitude bienfaisante pour tous, que faut-il ? il suffit qu'elle soit crue vraie. Or, le pouvoir de concevoir autres qu'ils ne sont les mobiles de l'action va, dans certains cas et sous certaines conditions, réaliser cette croyance dans l'esprit de l'individu ou du groupe dominé. Individu ou groupe, s'il veut vivre, si, en même temps, il se fait encore quelque haute idée de lui-même, va accepter avidement, comme un moyen de salut, la fiction que le maître lui tend et qui le relève de sa déchéance : car il va oublier qu'il obéit à la force en se persuadant qu'il obéit à la Raison ou à Dieu. En dénaturant ainsi, en concevant ainsi autres qu'ils ne sont les mobiles de ses actes, il va se conce-

voir lui-même autre qu'il n'est ; réduit en esclavage,
il ne va plus sentir le poids de ses chaînes, faible et
tyrannisé il va oublier sa faiblesse et se tenir pour
légal de son tyran. Mais le maître lui-même ne va-
t-il pas le plus souvent être dupe aussi du subterfuge dont il a usé et de la fiction qu'il a créée? En
fait, il en est ainsi, et s'il en est ainsi c'est que ce
subterfuge et cette fiction lui sont commodes, c'est
qu'ils sont pour lui une économie de force et
qu'ils lui épargnent la tâche d'imposer à tout
moment, par la contrainte, et au prix d'un effort,
sa suprématie. Ainsi le vainqueur accepte par intérêt la fiction que le vaincu accepte pour ménager
sa fierté. L'un et l'autre croient vrai ce qui est
utile à chacun, à la suite d'un état de fait que la
force a créé.

Ce compromis, que, par le moyen de l'analyse
précédente, on a ramené à des termes relativement
très simples, est celui qui se manifeste en tout état
social complexe. Dans ce nouveau milieu, au lieu
d'un groupe d'hommes qui en domine un autre, on
rencontre un grand nombre d'individus répartis en
classes, en professions, en groupes régionaux, des

individus que la nature a faits inégaux entre eux quant au pouvoir dont ils disposent de satisfaire leurs goûts, chez chacun desquels ces goûts sont disposés selon des hiérarchies quelque peu différentes. Ici comme dans l'exemple précédent, où l'on n'envisageait que deux termes antagonistes, des conventions se sont formées entre tous les intéressés et ces conventions n'ont acquis force de loi qu'à la suite de longs et multiples conflits au cours desquels la puissance de chaque catégorie d'individus a été éprouvée, a vu son étendue et ses limites définies. Ici également nous n'avons jamais affaire qu'au même désir de satisfaction d'un goût concret qui inscrit les étiquettes *bon* et *mauvais* sur ses appétences et ses aversions, et ce goût est ici encore comprimé, transformé par un double fait social, dont le premier consiste en ce qu'il est en relation et vient en concurrence, dans l'intimité d'une même physiologie individuelle, avec des goûts différents qui tous cherchent à exploiter à leur profit l'énergie individuelle, dont le second consiste en ce qu'il vient en conflit, dans un même milieu social, avec des goûts pareils qui s'expriment en d'autres physiologies individuelles et tendent à se satisfaire à son détriment.

Le fait moral a donc toujours ici la même signi-

fication qui lui a été attribuée une fois pour toutes : il a pour forme la distinction en bon et en
mauvais établie à l'égard de toute action par un
goût particulier qualifiant cet acte par rapport à
lui-même et infléchissant l'énergie individuelle
vers la direction de son bien. Ce phénomène
moral, dans tous les cas où il se manifeste chez
l'individu par la répression d'un désir, signifie,
soit que ce désir prend une voie détournée pour
s'assouvir plus sûrement et sans bataille sous des
conditions tolérées par le compromis social, soit
qu'il a été sacrifié, dans l'intimité de la physiologie où il s'élève, à d'autres instincts plus forts qui,
au prix de ce sacrifice, ont obtenu des autres
individus compris dans le système social la liberté
de se satisfaire.

Le point où s'équilibrent, de façon plus ou moins
instable, les désirs multiples compris dans un même
ensemble équivaut exactement à ce que M. Durkheim
a nommé la pression sociale. Cette pression se fait
sentir au moyen des lois positives, au moyen du
préjugé et de la coutume, au moyen d'un état général d'appréciation selon lequel les étiquettes bien
et mal sont apposées, d'un consentement unanime,
sur tous les actes possibles. Cette codification des
actions sous les étiquettes bien et mal, où s'exprime

en un impératif le compromis social, exerce sa pression sur toute conscience individuelle. Elle constitue la morale, la morale en tant que phénomène social, cet « instinct du troupeau dans l'individu », selon la formule de Nietzsche qu'il n'est pas nécessaire de prendre au sens péjoratif.

A rappeler les points principaux de ces développements, on retiendra qu'après avoir reconnu la forme générale de la pratique dans le jugement porté sur l'acte par le sujet qui l'accomplit, jugement de valeur tout subjectif, impliquant seulement de la part du sujet un état de non-indifférence à l'égard de l'acte et ne préjugeant jamais de sa propre valeur objective, on a découvert, à travers ce fait de partialité pur et simple, avec le goût, l'élément physiologique qui lui donne naissance. Le jugement moral s'est ainsi trouvé rattaché, par le lien de la cause à l'effet, à l'ensemble de l'empirisme. Il suit de là que la forme de la pratique ne se montre pas pourvue d'une généralité comparable à celle qui caractérise les formes de la connaissance, qu'elle ne peut leur être symétriquement opposée à la façon dont Kant l'a fait, mais que le phénomème moral, avec sa forme propre qui le distingue du phénomène physique, apparaît ainsi que tous les autres phénomènes empiriques, à travers les formes générales de la connaissance et s'y manifeste dans une relation étroite de dépendance à l'égard de la physiologie. Comme le goût physiologique, donné dans l'individu, se trouve, de ce fait même, donné dans la collectivité des individus, — l'individu n'existant pas à l'état isolé — on en vient à formuler, pour tenir compte des influences et des contraintes réciproques qui résultent de ces états de fait et engendrent les mœurs, que la morale est une dépendance des mœurs.

II

De ce que la morale est une dépendance des mœurs et de l'état physiologique qui produit les mœurs, il résulte avec trop d'évidence que les mœurs sont indépendantes de la morale, et cette conséquence suffirait peut-être à justifier le titre de cette étude. S'il en était ainsi, on n'aurait fait que résumer dans les développements précédents les raisons qui militent en faveur d'une conception, non point généralement admise, puisqu'elle a contre elle toute philosophie religieuse, spiritualiste ou kantienne, mais acceptée pourtant comme irréfutable par un grand nombre d'esprits et dont

M. Lévy-Bruhl a exposé les termes avec beaucoup de force persuasive et de clarté (1). Mais on vise dans cette étude à établir quelque chose de plus que cette interversion du rapport communément imaginé entre la morale et les mœurs. Non seulement les mœurs sont indépendantes de la morale qui dépend d'elle, mais on prétend encore que les mœurs sont indépendantes de la logique. On entend par là qu'elles échappent à tout effort de déduction, en vue de déterminer quelles elles doivent être, en sorte qu'il n'est pas plus possible de les déduire de l'ensemble de l'expérience qu'il n'est possible de les déduire d'un *a priori* dogmatique.

Cette assertion ne va pas à mettre en échec les énonciations de M. Lévy-Bruhl dans *la Morale et la science des mœurs*. De ce qu'il existe à tout moment une réalité morale donnée, il résulte bien qu'il est possible de formuler quelques lois de cette réalité, on accordera même qu'il est possible encore de l'améliorer en édictant les impératifs qui peuvent favoriser sa production. Une réalité morale donnée implique en effet sa téléologie, elle implique une conception particulière des rapports humains, de la vie et de son but qu'il appartient à la

____

(1) *La Morale et la science des mœurs*, Alcan.

science des mœurs de dégager objectivement, dont la science des mœurs en tant que science des moyens, en tant qu'art moral peut aussi favoriser l'accomplissement. On croit donc la science des mœurs propre à procurer aux diverses réalités morales qui existent ou existeront dans le temps et dans l'espace un concours efficace. Une société en possession d'une science des mœurs fortement constituée serait, à l'égard d'une société qui ne posséderait pas cette science, dans le rapport d'un homme capable de réflexion, de mémoire, d'esprit de déduction, à l'égard d'un homme qui n'aurait pas ces qualités. Mais cette formule — les mœurs sont indépendantes de la logique — s'oppose à une conception dont il semble qu'elle apparaisse encore dans la pensée d'un grand nombre de moralistes et de quelques sociologues et qu'elle tende, avec ceux-ci, à faire parfois de la sociologie, au lieu d'une recherche indépendante d'ordre purement scientifique, un succédané de la théologie. Cette conception s'exprime en cette croyance que la science des mœurs, parvenue à son point extrême de perfection, réussirait à définir en termes essentiels la notion du Bien, à fixer les contours et les règles d'une morale unique, à instaurer le règne d'une morale universelle, de la Morale.

Ainsi, ce que la théologie s'efforçait de constituer par les moyens dogmatiques, la sociologie, une certaine sociologie du moins, s'efforcerait de le constituer par des moyens scientifiques. La science, selon un point de vue qui n'est pas encore entièrement aboli et qui a autorisé quelques esprits à décréter sa faillite, la science aurait pour destinée de suppléer la théologie. La foi a disparu, qui faisait accepter les injonctions théologiques, mais non la sensibilité qui les approuvait, qui faisait apparaître désirables ses postulats, celui-ci entre tous, l'existence d'une loi morale unique, régissant l'humanité entière, définissant pour les consciences inquiètes les formes immuables de l'idée du bien. Or, c'est en vain que l'on s'efforce d'utiliser la science à la démonstration des fins religieuses et métaphysiques, car l'activité scientifique, différente par les moyens qu'elle met en jeu de l'activité religieuse, en diffère aussi essentiellement par les buts qu'elle vise, ou tout au moins, à quelque intention qu'on l'emploie, par les buts qu'elle atteint.

M. Lévy-Bruhl, dans son bel ouvrage, pose cette question : « Les faits moraux sont-ils des faits sociaux, et les faits sociaux, en général, peuvent-ils faire l'objet d'une science proprement dite, ou un élément de contingence toujours renouvelé et irréductible s'oppose-t-il à la constitution d'une telle science (1)?» A cette question, après les réserves que l'on vient de faire en faveur de la possibilité d'une science des mœurs, en tout état de cause, on répondra sans ambages : oui, un élément de contingence toujours renouvelé et irréductible est inhérent au fait de l'existence phénoménale ; cet élément de contingence, ajoutera-t-on, se confond à tout moment avec le phénomène moral. Fonder en logique cette double assertion ce sera atteindre le but que l'on s'est proposé, soit, établir l'indépendance des mœurs à l'égard de la logique, ce sera aussi soustraire le fait de l'existence à la possibilité d'une adaptation parfaite de toutes ses parties à son ensemble où il s'abolirait dans sa réalisation.

Qu'un élément de contingence irréductible soit inhérent au fait de l'existence, cela résulte des formes mêmes de la connaissance, telles que Kant les a formulées et telles qu'on les a acceptées avec lui comme déduites de l'expérience. Ces formes sont

(1) *La Morale et la science des mœurs*, Alcan, p. 24.

indéfinies. Nous ne pouvons connaître sans leur intermédiaire, mais dès que nous les appliquons à l'expérience, les phénomènes qui se formulent devant notre esprit nous apparaissent dans un devenir indéfini sans origine première et sans fin dernière. Les antinomies sont inviolables et il n'est pas davantage possible de se représenter un temps et un espace limités qu'il n'est possible de se représenter un temps et un espace infinis. Les idées de commencement et de fin sont inconciliables avec le fait de continuité qui donne leur signification aux notions de temps et d'espace. La représentation d'un temps total et d'un espace total limités par un commencement et par une fin, c'est-à-dire déterminés, exige l'intervention d'un temps antérieur et postérieur et d'un espace environnant. Sans cette intervention, il n'y a pas de représentation possible et cette intervention ruine aussitôt la représentation que l'on se voulait donner, en faisant apparaître, par delà la totalité que l'on prétendait isoler, de nouveaux espaces, de nouvelles périodes de la durée.

Quant au concept d'infini, il est purement négatif. Si nous tentons de le remplir, nous condamnons notre esprit à s'élancer sans fin d'un bond toujours renouvelé, toujours plus frénétique et plus

épuisé vers des perspectives que son effort ressuscite et fait surgir inaltérablement semblables à
elles-mêmes. Si, fatigués de cet effort exaspéré,
nous prétendons opposer la faculté de concevoir
à celle d'imaginer et l'entité abstraite aux entités
concrètes, il n'y a rien de plus en ce parti auquel
nous nous décidons qu'un aveu d'impuissance.
L'abstrait n'est qu'un moyen de manipulation du
concret, et concevoir n'est rien de plus qu'une
forme algébrique d'imaginer. Avec le concept abstrait, nous nous épargnons une fatigue, une dépense cérébrale, un long détour mental, mais nous
ne fécondons pas l'inimaginable. Il n'y a rien dans le
concept qui n'existe dans l'image et quand le concept
ne recouvre aucune image, il est vide ou n'exprime que la négation de quelque chose. Le concept
d'infini n'est qu'un mot pour signifier notre impuissance à assigner des limites. Il en est de même de
l'idée d'une cause première, concept négatif au
même titre que celui d'infini et où le besoin de
connaissance, qui a inventé la notion de cause,
s'abolit en se niant.

De telles énonciations sont des lieux communs
philosophiques. S'il faut les ressasser, ce n'est pas
qu'elles aient à redouter une argumentation logique
contre laquelle il y aurait lieu de les défendre, mais

une sensibilité traditionnelle, d'origine religieuse, toujours renaissante et toujours en éveil, leur oppose des partis pris de volonté à l'abri desquels se forment des apparences dialectiques. On imagine qu'une cause première est imaginable, que le monde forme un tout saisissable gouverné par un principe de finalité propre à faire converger tous ses éléments vers un même but. Pour réfuter ces postulats il suffit de les accepter selon leur rigueur absolue et d'en tirer les conséquences logiques. Ils montrent aussitôt leur source dans un état de sensibilité douloureuse qui, sous couleur d'une aspiration morale vers l'ordre et la perfection absolus, exprime en réalité sa réprobation à l'égard de l'existence et tend à l'abolir. Dès en effet que l'on passe outre au caractère indéfini des formes de la connaissance, dès qu'au mépris des antinomies on décrète un premier commencement et une fin dernière, la vie phénoménale se résorbe tout entière dans le fait de convergence absolue qui confond de toute éternité, dans une adaptation parfaite de la tendance vers le but, ce premier commencement avec cette fin dernière, qui, entre la cause première et la finalité ultime qui lui répond, écrase toute la substance du réel.

A l'encontre de ces conclusions fatales, formu-

ler que les antinomies sont inviolables, n'est-ce
point opposer la parole de vie au verbe de mort?
Les antinomies sont inviolables, cela signifie que
les formes de la connaissance font apparaître le
monde dans un devenir indéfini et qui ne comporte
aucun terme, cela signifie qu'elles excluent tout
principe propre à causer la ruine du spectacle
qu'elles suscitent et que, leur jeu, exilant la possibilité d'une convergence vers l'unité absolue où le
mouvement se figerait, assure la pérennité du phénomène dans sa diversité. Si les antinomies peuvent apparaître ainsi qu'un problème angoissant,
comme des barrières que l'on se lamente de ne
pouvoir briser et comme un thème lyrique de désespérance, c'est au regard seulement d'une sensibilité malade qui considère la vie comme un mal
et aspire sciemment, ou non, à la voir cesser.

Au regard d'une sensibilité intellectuelle, les
antinomies sont, au contraire, rassurantes et contiennent un enseignement riche de sens. Kant a
bien vu qu'elles ne se dressent devant l'esprit que
lorsque l'esprit prétend dépasser, au moyen des
formes de la connaissance, les limites de l'expérience possible. Que sont-elles donc? Des gardes-
fous. Elles empêchent l'esprit pris de vertige de se
précipiter dans le vide. Elles marquent la limite

exacte où l'activité intellectuelle fait place au mysticisme où la sensibilité scientifique fait place à la sensibilité religieuse. Elles nous rappellent que connaître, c'est connaître dans le temps, dans l'espace, dans le flux incessant de la causalité et que toute tentative pour atteindre, au delà et hors de ces formes indéfinies, un terme absolu, une finalité suprême de l'existence est un effort pour s'évader des limites de la connaissance, une tentative de suicide métaphysique. Elles maintiennent ainsi l'esprit dans les limites où la connaissance est possible et nous donnent le réel comme un compromis entre une part de système et une part de chaos, entre une part de calcul et une part d'imprévu. Il n'est pas de connaissance du chaos absolu, d'un fait de divergence et d'éparpillement universels, et les formes de la connaissance nous permettent d'introduire dans le chaos un principe de systématisation. Il n'est pas non plus de connaissance d'un tout entièrement systématisé où la tendance s'évanouit dans le but éternellement atteint et les antinomies nous enseignent que les formes de la connaissance sont faites de façon à rendre à jamais impossible cette systématisation absolue.

*

Les formes de la connaissance étant telles, il est nécessaire que toute tentative intellectuelle en vue de construire avec leur aide le phénomène de l'existence porte l'empreinte des moyens employés pour cette entreprise. De quelque façon que l'on use de ces moyens, l'univers réalisé par leur entremise laissera donc toujours apparaître à son extrémité une série de phénomènes dont la direction et la destinée ne pourront être déterminées. Un tel univers se montrera calculable en quelques-unes de ses parties, c'est par là qu'il sera connaissable, mais il échappera toujours au calcul par quelque endroit, c'est par là qu'il sera vivant. Quelque chose qui bouge apparaîtra toujours à l'extrémité du système que l'on aura conçu, un élément d'aventure, de romanesque, d'aléa par où la partie de l'existence vaudra d'être jouée, par où l'existence conservera pour elle-même son intérêt.

Cette conséquence ne peut être éludée. L'explication du fait de l'existence sur le plan de la causalité l'implique. Quelque série de phénomènes que l'on considère, le principe de causalité suscite en effet, parmi eux, deux catégories bien distinctes.

Voici, — au milieu de la série, — des phénomènes encadrés entre leurs causes et leurs effets, fixés devant l'esprit par cette double amarre, livrant d'eux-mêmes, avec les relations constantes qu'ils observent, une connaissance scientifique, formant la part systématique de l'existence ; voilà, — aux deux extrémités de la série, — d'une part, l'inaugurant comme des énigmes, des faits sans causes ne manifestant leur réalité que dans leurs effets, d'autre part, avec le dernier anneau apparu de la série, des faits dont quelques causes antécédentes nous sont connues, mais dont les effets ne nous sont pas donnés dans l'empirisme, en sorte que leur personnalité nous échappe, aucune opération logique ne nous permettant de déterminer leur virtualité en raison de la cause cachée qui se tient à l'autre extrémité de la série, grosse d'un déterminisme ignoré. Avec ces derniers phénomènes apparus, se manifeste donc le principe d'aléa, inclus dans la notion de causalité, par la vertu duquel l'existence, en raison d'une nécessité inhérente à la nature de la connaissance, qui fait partie de la nature des choses, échappe au calcul, se refuse à la possession intégrale d'elle-même par elle-même dans un fait de connaissance adéquat à sa totalité.

Tirée de la nature indéfinie de la causalité, une telle déduction attribue à la cause, selon un dogmatisme logique universellement accepté, une valeur à vrai dire métaphysique. Le principe de causalité suppose en effet une action génétique du phénomène antécédent à l'égard de chaque phénomène conséquent, action d'un déterminisme à ce point rigoureux qu'aucun autre phénomène n'eût pu être engendré par celui-là à la place de celui-ci. C'est là une hypothèse de commodité intellectuelle qui fournit pour la besogne scientifique un équivalent suffisant de la réalité des choses. Elle implique toutefois une sorte de divinisation du fait en loi qui dépasse, semble-t-il, les besoins de l'esprit en vue de la connaissance. On s'est efforcé, dans *les Raisons de l'Idéalisme* (1), de construire le fait de l'existence selon les procédés moins onéreux, justifiant la part de système et de hiérarchie qu'on y rencontre avec un minimum de postulats logiques et un maximum d'aléa. Le principe de nécessité n'a été invoqué, au cours de cette entreprise, que sous une seule de ses formes, celle du déterminisme de la force : il a semblé qu'un tel principe, — selon lequel, entre deux forces qui viennent aux prises,

(1) Société du *Mercure de France*.

la plus forte l'emporte, élimine l'autre ou se l'asservit, — suffirait à expliquer, confronté avec le fait d'une activité se développant indépendamment de toute loi parmi les jeux spontanés du hasard, la part d'ordre qui fait l'existence saisissable, en laissant place à la part d'aventure qui la passionne.

Pour que des phénomènes, de quelque façon qu'on se les représente, nouent entre eux des relations, il n'est pas nécessaire, remarquera-t-on, qu'aucune loi les y prédestine, il suffit, qu'en fait ils se développent sur le même plan et, qu'en fait, ils viennent en contact les uns avec les autres. Ce contact, dans la plupart des cas, sera un conflit. Au cours de ce conflit, le déterminisme de la force établira entre tous les éléments en jeu des hiérarchies fixées par le degré de puissance de chacun : ainsi sera constituée une première assise de phénomènes entre lesquels des relations constantes, donc calculables, existeront. Rien n'exige que d'autres phénomènes se développent à leur tour sur cette première assise phénoménale. Rien ne l'exige et rien ne s'y oppose. Or, il suffit, qu'en fait, l'événement se réalise pour que cette nouvelle série forme avec la première un commencement d'univers. Cette nouvelle série, toutefois, va requérir, pour persister, la stabilité de l'assise primitive sur laquelle elle s'est développée et si rien encore ne nécessite cette persistance, rien non plus ne s'y oppose. Il suffit qu'en fait elle se produise, pour qu'un univers *soit*, composé de deux termes dont le premier présentera entre les éléments qui le constituent des rapports fixes et calculables, dont le second laissera voir entre les éléments qui le constituent ce même conflit aléatoire qui précéda, entre les phénomènes de la première série, l'état hiérarchique où ils se sont fixés et qui, de cet état, fut le moyen. Par la même vertu de l'épreuve et du conflit, ces phénomènes pourront eux-mêmes se hiérarchiser, lier entre eux des rapports constants et calculables, être une assise pour une nouvelle série de phénomènes se développant au-dessus d'eux dans le jeu d'un conflit aléatoire. Or, on pourra dire de cette troisième série de phénomènes, quant à leurs rapports entre eux et avec ceux de la seconde série, tout ce qui a été dit des phénomènes de cette seconde série, quant à leurs rapports entre eux et avec ceux de la série précédente, et la même description pourra s'appliquer indéfiniment à toutes les séries de phénomènes intégrées dans la notion de notre univers, jusqu'à cette dernière série à l'extrémité de laquelle nous spéculons sur tout l'antérieur et luttons entre nous pour faire prévaloir nos désirs, nos tendances et nos spéculations.

C'est dire implicitement qu'à tout moment de son développement le phénomène général de l'existence fera apparaître à son extrémité un groupe de phénomènes offrant le spectacle d'un conflit au résultat entièrement aléatoire entre les éléments qui s'y rencontreront, témoignant d'une instabilité réfractaire au calcul et aux déterminations scientifiques, tandis qu'il requerra pour sa persistance la fixité des séries antécédentes et impliquera dans l'univers une part de systématisation. Mais pour faire place à cette systématisation, on n'a invoqué aucun principe logique. Seuls sont intervenus des états de fait entre lesquels le conflit seul a institué des hiérarchies engendrant des faits de répétition et des rythmes constants sur lesquels se fonde tout l'ordre inclus dans l'univers. Ces conflits, avec les faits de répétition qu'ils provoquent, composent et nous laissent voir toute la substance positive de l'idée de loi, notamment de cette loi de causalité sur laquelle la science se fortifie : cette loi se montre ainsi un substitut mythologique pour désigner une suite infiniment complexe de luttes et de péripéties, cristallisées par le déterminisme de la force en un système de relations fixes.

Ainsi, soit que l'on invoque, pour systématiser

la connaissance, le principe de causalité ou la seule notion du hasard partiellement ordonné par le déterminisme de la force, on rencontre dans l'une et l'autre hypothèse, à l'extrémité du mouvement de l'univers, une catégorie de phénomènes qui échappent au calcul, qui décèlent la présence d'un élément irrationnel dans le fait de l'existence.

Si après cela on recherche quels sont les phéno-mènes concrets qui correspondent à cette catégo-rie d'aléa, on est amené à reconnaître qu'ils s'iden-tifient avec ceux-là qui reçoivent de l'usage com-mun l'appellation de phénomènes moraux. Ce sont ceux qui ont trait à la conduite, aux modes de l'activité volontaire et dont l'instabilité se recon-naît aisément à différents signes. Le mal et le bien d'un pays dans un temps donné ne sont pas le mal et le bien de ce même pays dans un temps différent, ni, dans le même temps, le mal et le bien d'un pays différent. Dans un même pays et dans le même temps, le bien et le mal d'un individu donné n'est pas le bien et le mal d'un individu différent. L'ins-tabilité du fait moral et sa contingence ne sont pas attestées avec moins de force par le caractère aléatoire et changeant des sanctions qui garantissent l'accomplissement des prescriptions dont il est l'objet. Sanctions sociales et sanctions individuelles témoignent sur ce point dans le même sens. D'un pays au pays voisin, les sanctions législatives ne sont pas les mêmes à l'égard des mêmes délits, non plus les sanctions de fait dans les régions diverses d'un même pays où, selon les latitudes et les saisons, selon la densité de la population, selon sa race et son degré de richesse, les verdicts des tribunaux et des jurys consacrent des applications très diverses de textes identiques à des actes pareils.

Dans le milieu individuel, le remords fait éclater un arbitraire encore plus manifeste et le pouvoir infiniment variable qui appartient à l'homme de se dérober à cette vindicte intime, si on l'oppose à la rigueur avec laquelle la loi physique se fait respecter et supprime qui la viole, atteste, par la vivacité du contraste, la différence qu'il faut établir entre les phénomènes de l'une et de l'autre catégorie.

Enfin le caractère aléatoire du phénomène moral ne se distingue à nul indice avec plus d'évidence qu'aux tentatives par lesquelles on lui a assigné un mode de production différent de celui dont les

phénomènes physiques relèvent, en rompant en sa
faveur la chaîne de la causalité pour faire place, en
vue de son explication, à l'action du libre arbitre.
La conception toute verbale d'un libre arbitre,
insaisissable et contradictoire dans les termes,
impuissante à apporter quelque preuve de sa
réalité, accuse du moins, par le seul fait qu'elle ait
put être imaginée à l'occasion du phénomène moral,
le désarroi où la considération d'un tel phénomène
jette l'esprit et son impuissance à lui appliquer les
mesures scientifiques.

Il semble que ces considérations suffisent pour
identifier le phénomène moral, au sens qui lui est
attribué communément, avec cette série de réalités en voie de formation qui fut découverte par une
double déduction à l'extrémité de ce fait de mouvement qu'est l'existence. Ces phénomènes apparus
au point extrême où une généalogie de causes qui
ne reconnaît pas de premier ancêtre laisse éclater
le principe d'aléa qu'elle implique, ces phénomènes
qui, selon une autre hypothèse, apparus au point
extrême d'une série constituée par le seul jeu du
hasard et du déterminisme de la force, peuvent
varier, sans mettre en péril le système de connaissance déjà formé, parce qu'ils sont précisément les
derniers venus et qu'aucun phénomène conséquent

ne requiert leur constance, ces phénomènes sont actuellement ceux qui ont trait aux modes et aux normes de la conduite et sont réputés phénomènes moraux dans le langage usuel.

III

L'identification que l'on vient de faire réalise l'objet de cette étude, car elle entraîne l'indépendance des mœurs à l'égard de la logique, leur caractère incalculable, rebelle à toute déduction. Ce caractère d'indépendance entraîne lui-même des conséquences dont quelques-unes ont trait à la pratique. Il n'y a plus qu'à les formuler, car elles sortent toutes de la nature aléatoire que l'on a reconnue à la part du mouvement de l'existence sous laquelle on les a classés.

On remarquera tout d'abord que la distinction établie au cours de cette étude entre deux catégories de phénomènes, dont l'une, identifiée avec, la classe des phénomènes physiques, se prête aux mesures scientifiques, tandis que l'autre, identifiée avec la classe des phénomènes moraux, y échappe, ne crée pas entre l'une et l'autre une ligne de démarcation infranchissable. De ce qu'il n'existe

7

qu'une seule nature, une seule φύσις, il suit que les
phénomènes de l'une et de l'autre catégorie participent d'une commune origine qu'ils sont tous, en
ce sens, *physiques*, il suit que l'action spontanée
qui se déploie dans l'univers pour en créer les
diverses manifestations et l'activité scientifique qui
étudie rétrospectivement ces démarches, ne sont
que deux états successifs de cette même nature,
que la seconde n'est que la transformation de la
première, en sorte que l'activité scientifique de
l'existence ne peut jamais anticiper les modes de
son activité spontanée.

Cette constatation nous ramène à notre point de
départ et ne fait que nous montrer sous un nouvel
aspect le caractère incalculable du phénomène
moral. Avant de tirer les nouvelles conséquences,
plus voisines de la réalité, qu'elle comporte, on
prendra soin de faire encore une restriction, de
circonscrire dans les strictes limites où elle s'exerce
l'initiative de cette activité spontanée. De ce qu'il
n'existe qu'une seule nature, de ce que les rythmes
constants qui forment, dans l'anatomie de l'existence, un squelette de nécessité, reconnaissent
pour ancêtre des rythmes hasardeux entre lesquels
le déterminisme de la force, après une période
de luttes, a établi des relations fixes, de ce que

l'objectif, à tous ses degrés, dérive des formes autrefois subjectives de l'activité de l'existence, il suit que l'esprit scientifique peut avoir à tout moment l'occasion d'intervenir à l'égard de phénomènes qui échappaient naguère à ses prises, il suit aussi que des séries de phénomènes, tributaires depuis de longues périodes de la recherche scientifique, ont pu échapper à cette recherche, sous le masque de l'activité aléatoire dont tout d'abord elles témoignèrent. C'est ainsi notamment que la présomption du libre arbitre, en soustrayant une partie du phénomène des mœurs à l'observation scientifique, a ménagé à l'activité de l'esprit tout un territoire où les découvertes les plus heureuses sont possibles, où des relations constantes de cause à effet peuvent être relevées et appliquées de la façon la plus efficace aux modalités de la conduite. Cette remarque ouvre à l'activité intellectuelle un champ des plus vastes. Il appartient à la science des mœurs, telle que M. Lévy-Bruhl l'a définie, de déterminer la part de nécessité objective avec laquelle la conduite humaine est tenue de compter. Ce rôle majeur lui échoit de fixer la limite précise en deçà de laquelle l'activité spontanée rencontrerait des obstacles à son expansion et au delà de laquelle il n'y a place que pour elle seule. C'est par la même détermination qu'elle fixera la limite où cesse la légitimité de la déduction logique, signifiant ainsi, comme il lui appartient, sa propre limite.

Ayant concédé à l'activité scientifique, avec la science des mœurs, tenue pour sa manifestation la plus extrême, la part la plus large qui lui puisse être attribuée, il sera permis de ne s'occuper plus maintenant que des modes de l'existence où éclate, avec le phénomène moral en ce qu'il a d'essentiel, une activité toute spontanée indépendante de toute logique.

Ce qu'il faut mettre au premier rang dans ce domaine, c'est que s'y manifeste l'absence de finalité objective inhérente à l'existence telle qu'elle se donne à nous dans sa relation indissoluble avec un état de connaissance, c'est qu'en même temps cette absence de finalité objective s'y voit compensée par un nombre infini de finalités subjectives que formulent, de façon impérative, les différents goûts et les différents désirs en lesquels on a distingué, au début de cette étude, les éléments originels de la moralité. Tout goût s'affirmant implique création d'une réalité morale et porte avec lui sa téléologie, qu'il s'efforce d'universaliser. Une chose n'existe qu'autant qu'elle existe pour une sen-

sibilité qui éprouve à son occasion *plaisir* ou *dou-*
leur, qui objective, par la suite, en des états secondaires de perception, — couleurs, odeurs, sons,
contacts, résistances, formes — ces états rudimen-
taires de la sensation. Or, le même fait de sensibilité qui engendre la réalité des choses les classe
aussi sous les catégories *bon* et *mauvais*, selon
qu'elles sont liées à un état de plaisir ou à un état
de douleur. Ces mêmes choses bonnes et mauvaises
deviennent ensuite *bien* et *mal* pour toute une civilisation selon le degré de force et selon la fortune
de la sensibilité qui les a engendrées, selon que
cette sensibilité réussit ou échoue à imposer au fait
de l'existence, qui ne comporte aucune finalité, sa
propre conception du but à atteindre.

Cette dernière circonstance nous livre la forme
générale à travers laquelle la réalité morale se
manifeste : le conflit. Le conflit s'oppose à la dialectique. La dialectique étant, selon la conception
socratique, le moyen de saisir les rapports objectifs
et constants qui existent entre les choses, le conflit
est le moyen par lequel ces rapports se forment ou
peuvent du moins se former, car la loi n'est qu'un
cas particulier de la réalité. A travers le conflit,
nous atteignons le principe de genèse de soi-même
que l'existence implique, par lequel elle échappe, à

7.

tout moment du devenir, à une objectivation absolue
où elle s'abolirait. C'est en considérant cette forme
du conflit qu'il sera possible d'énoncer, au sujet
de la réalité morale, tout ce qui peut en être énoncé
sans la confondre, selon la coutume des moralistes,
qui ne peuvent se défendre d'en traiter toujours en
termes de finalité, avec la réalité logique.

A travers le conflit, nous atteignons les modalités de l'action sans les faire tomber sous le joug de
la loi. Or, si l'esprit de déduction et de clarté, si
l'impartialité et la passivité absolue du vouloir à l'é-
gard des conclusions dialectiques forment le fais-
ceau des vertus logiques, quelles vont être, sous le
jour du conflit, les vertus morales ? Tout d'abord,
le parti-pris, ce « roc de fatalité », ce « je suis cela »
de Nietzsche, indemne de toute motivation, déce-
lant la présence effective, à titre d'élément chimique et de corps simple, d'une modalité indécompo-
sable du goût, puis, à la suite de cette vertu dont
on est tenté de dire qu'elle a la valeur positive
d'une propriété, l'intransigeance, la fidélité à soi-
même et à sa volonté, le degré de force et le courage
en vue de la faire triompher, l'esprit de risque et
l'intrépidité, d'un mot l'héroïsme qui incite à lutter
et à jouer sa vie pour une cause dont les chances
sont inconnues et dont on sait seulement qu'elle

est sienne. En morale, rien ne se démontre, tout s'affirme. Tout s'affirme et tout s'impose. L'effort intellectuel en vue de découvrir une réalité qu'il s'agit de créer n'est ici qu'impuissance ou naïveté. Accepter, par les voies dialectiques, les conclusions de l'adversaire, c'est ici prendre un coup de poing pour une démonstration, c'est confondre les catégories de l'acte avec celles de la connaissance.

Si telles sont les vertus morales, quelle sera, dans un domaine où aucune forme préalable n'existe ni du bien ni du mal, où aucune déduction rationnelle n'est possible, quelle sera la considération préjudicielle à toute tentative de constitution d'une morale collective ? Ce ne pourra être que la définition de la sensibilité en vue de laquelle cette morale devra être fondée, la détermination de la qualité chimique du goût, du désir en jeu. Il faudra que des préférences s'affirment, que des programmes soient affichés, des programmes de désirs entre lesquels les hommes choisissent, d'après lesquels ils s'assemblent et s'opposent. A tout débat de conscience en vue de savoir qui a tort et qui a raison dans un domaine où de telles questions ne se posent pas, voici substituée cette seule interrogation possible : sommes-nous des hommes de même désir ? Et si l'on demande quel sera, en cette ma-

tière des mœurs, l'homme utile ? Ni le logicien, ni
le philosophe, ni le savant, répondra-t-on, mais
celui qui, doué d'une sensibilité fortement accen-
tuée, évaluera toutes choses à la mesure positive
de cette sensibilité qui, avec cette sensibilité pour
guide, assignera un but à l'existence qui n'en avoue
aucun, le créateur de valeurs de Nietzsche, le héros
de Carlyle, affirmant au-dessus de toute logique
la valeur propre de son désir et instituant, en
guise de règles de la conduite, les moyens de le
contenter.

Ainsi à comparer entre eux les deux domaines
du calculable et de l'incalculable, tels qu'on les a
distingués au cours de cette étude, on est amené à
opposer à la déduction et à l'observation, comme
modes de l'activité scientifique, l'improvisation et
le conflit comme modes de l'activité morale, à l'é-
vidence, comme critérium intellectuel, la prépondérance comme critérium moral, au sens logique,
au pouvoir dialectique comme vertu de connaissance, l'héroïsme comme vertu morale.

Peut-être s'efforcera-t-on de distinguer par la
suite quelques-unes des règles objectives qui contraignent, en deçà des limites présumées, l'activité
indépendante des mœurs. Il a paru plus urgent de
spécifier ici l'existence trop généralement méconnue

de ce domaine d'aléa et d'aventure où le phénomène de l'existence, dans son devenir le plus récent, se formule et bourgeonne, avec toutes les
nuances de l'appréciation morale, dans un fait de
diversité. Il a paru plus urgent de stipuler que
nombre de sentiments, d'évaluations, de réalités
naissantes, ne relèvent d'aucun impératif, d'aucune législation connaissable et ne recevront leur
forme définitive, si tant est qu'ils doivent jamais
tomber sous le joug de la loi, que du goût le plus
intense porté par les individualités les plus fortes
et servi par les circonstances les plus favorables,
qu'il en est ainsi notamment de toute aspiration
impliquant une téléologie morale. Il a paru utile,
dans un intérêt de connaissance aussi bien que dans
un intérêt vital, de mettre fin à une confusion en
opposant à la catégorie de la logique, où un rationalisme excessif menace d'étouffer l'existence dans
une tentative de systématisation universelle, la
catégorie du conflit dans l'aléa où l'existence échappe
à tout moment à cette étreinte et manifeste le pouvoir d'improvisation où elle s'engendre. Une telle
conception s'accorde avec l'empirisme. On rappellera qu'elle est la seule aussi qui s'accorde avec les
formes indéfinies de la connaissance, qui se fortifie
des antinomies au lieu d'en recevoir un désaveu.

LA RÉALITÉ AMOUREUSE

I. Conception d'une réalité morale d'origine théologique — Conception d'une réalité morale objective et naturelle, distincte de l'activité qu'elle régit. — Conception moniste et subjective de la réalité morale : la même énergie vivante qui invente cette réalité en fixe aussi la loi. — II. Critique de la conception d'une réalité morale objective : le rationnalisme. — Critique du romantisme considéré comme un cas de rationalisme dans l'ordre de la sensibilité. — La réalité amoureuse dans le milieu biologique, — dans le milieu humain. — Le romantisme concevant autres qu'elles ne sont les conditions de la réalité amoureuse, compromet l'existence de cette réalité. — III. Illustration de la thèse : *les Amants de Venise.* — IV. Confusion, sous une même diathèse, du rationalisme et du romantisme. — En quoi ces maladies de l'esprit sont utiles : elles nous apprennent qu'au cours de son évolution l'humanité a su créer, par des moyens mensongers, une réalité sentimentale et morale qui a su lui plaire. — Recherche, en vue de perpétuer ces réalités, d'une forme nouvelle de l'illusion.

I

Il en est des réalités du monde moral comme il en est de celles du monde qui tombe sous nos sens. Les unes et les autres, sans doute, sont de même nature, elles reconnaissent une même origine et se

sont formées par les mêmes moyens. Mais tandis
que les réalités du monde sensible, plus ancienne-
ment constituées, nous semblent immuables, tandis qu'elles affectent, d'une façon presque identique, tous les organismes, les réalités du monde
moral, plus récentes, sont loin d'avoir atteint le
même degré de fixité. Les hommes s'entendent sur
ce qui est blanc ou noir, ils ne s'entendent pas sur
ce qui est bien ou mal. Or, ce défaut d'entente en
ce qui touche à la réalité morale et qui la montre,
au regard critique, incertaine et muable, laisse
voir encore comment elle s'est constituée, par
quels procédés elle a réussi à s'objectiver. En
même temps, ce jour projeté sur l'origine de cette
forme particulière et dernière venue de la réalité
permet de soupçonner quelle put être la genèse de
toutes les autres formes du réel.

Nous voyons bien que toute réalité morale implique comme éléments une impulsion et un frein
qui, modérant l'impulsion, la définit. Nous voyons
bien que les hommes ont créé jusqu'ici leur réalité
morale au moyen de partis pris volontaires s'opposant dans une mesure déterminée à la liberté des
instincts. Nous voyons encore que ces partis pris de
la volonté se sont fondés, sous le jour de la motivation consciente, sur des illusions entraînant la

croyance, sur quelque conception imaginaire quant à l'origine de cette réalité morale, conception qui, fécondée par l'assentiment unanime, eut force de loi.

Cette conception fut d'abord théologique. On imagina une réalité morale créée par Dieu ou par les dieux et cette imagination engendra le parti pris autoritaire nécessaire à la vie. En vertu de la volonté divine, un acte fut bon ou mauvais et la croyance en l'origine divine du décret eut pour effet de façonner cette réalité morale dont on présumait qu'elle existait déjà.

Au regard de cette conception, qui a survécu à l'époque de ses origines, l'idée morale est telle en vertu de la volonté arbitraire de la divinité, volonté antérieure au droit et à l'équité et qui fixe le droit et l'équité. « Les dieux l'ordonnent, les dieux le défendent », tel est l'unique argument qui sculpte dans l'esprit des premiers hommes les contours de la réalité morale, les formes du bien et du mal. Ces prescriptions, qui contrarient le plus souvent les instincts les plus forts, n'impliquent aux origines aucune justification rationnelle : on n'imagine point qu'elles soient en elles-mêmes bonnes ou mauvaises, mais leur valeur réside uniquement en ce qu'elles sont réputées commandées par les dieux.

★

Or, on constate historiquement que, peu à peu, à cette conception théologique en succède une autre. Celle-ci consiste en une nouvelle croyance, la croyance que la réalité morale a une existence objective, un « en soi », qu'il y a une forme naturelle de la moralité.

A la conception d'une réalité théologique de la morale se substitue donc la conception d'une réalité naturelle. On pourrait voir naître cette conception à quelque époque de toutes les civilisations dont la mémoire et l'image sont parvenues jusqu'à nous. Mais comme on se propose ici non pas d'en faire l'histoire, mais de la dépeindre et de la caractériser de manière à la différencier des autres conceptions du réel, on va se contenter de la signaler dans une de ses manifestations les plus récentes et peut-être aussi les plus typiques.

Cette manifestation s'est produite, — elle est parvenue du moins à son apogée, — au cours du xviii siècle ; elle a engendré une forme nouvelle de la sensibilité, que l'on peut nommer la sensibilité rationaliste, et dont Kant et Rousseau, avec des nuances diverses, apparaissent les protagonistes.

A la suite de Kant, cette conception a pris corps, avec les philosophes, dans le domaine moral. Sous l'inspiration de Rousseau, elle s'est objectivée plus spécialement, avec l'aide de la littérature, dans le domaine sentimental. Il existe, selon Kant et le rationalisme moral, une idée du bien pourvue d'une réalité objective, qui n'est pas un produit de l'activité humaine, qui ne peut être autre qu'elle n'est, que l'homme distingue dans une catégorie de sa raison et à laquelle il a le devoir de se conformer. Il existe, selon Rousseau, une forme objective et normale des sentiments et des instincts, forme fixée par la nature et gravée dans la conscience, qui ne doit rien à l'élaboration sociale, que l'état de société au contraire a eu pour effet de corrompre et dont la souveraineté ne doit être contrainte par aucune défense extérieure.

Cette conception d'une réalité morale confondue avec la nature et existant en soi n'exclut pas nécessairement le déisme. Mais tandis qu'au regard de la conception précédente il semble bien que la volonté arbitraire des dieux eût pu aussi bien lui donner une autre forme, il apparaît sous le jour de la conception nouvelle qu'elle ne saurait être autre qu'elle n'est : voici que la volonté divine est tenue de la sanctionner et n'intervient, à vrai dire,

que pour la vivifier. Aussi, si cette conception
d'une réalité naturelle n'exclut pas nécessairement
le déisme, elle peut fort bien s'en passer. Il est
aussi aisé d'accorder l'existence objective à l'idée
d'une loi morale naturelle que de l'attribuer à l'i-
dée divine : certains esprits pensent avoir accompli
un grand progrès et s'être singulièrement affran-
chis du joug théologique après qu'ils ont dépassé
cette étape.

Pourtant cette simplification, qui est l'aboutissement logique de toute conception objective de la
réalité morale, est, à vrai dire, l'exagération et
l'aggravation du point de vue théologique. L'essentiel de ce point de vue consiste en effet en ceci qu'il
implique un dualisme et distingue deux entités
dans le monde : d'une part, une énergie, un principe actif doué de mouvement, de l'autre un principe législatif, ayant une existence réelle et séparée,
et imposant à cette énergie sa direction. Or, tant
que le principe législatif demeure subordonné, au
cours de la conception théologique, à la volonté
indépendante des dieux, il conserve bien à l'égard
des hommes tout son pouvoir de contrainte, mais
cette conception laisse place, en ce qui touche au
réel lui-même, à la possibilité d'un changement : un
caprice divin peut intervenir, à tout moment, assi-

gnant à la réalité morale une forme nouvelle et des directions nouvelles. Au contraire, dès que, sous le jour de la conception objective du réel, le dieu lui-même se voit subordonné à la loi ou qu'il est supprimé pour laisser place à la loi, la réalité se voit prise dans un mécanisme inflexible. Cette conception d'une réalité naturelle et objective, par laquelle ceux qui la forment pensent avoir échappé à la théologie, implique donc, renforcé et rétréci, le dualisme qui est l'âme du point de vue théologique. Elle implique la croyance qu'il existe, au-dessus de l'activité du monde, un principe différent de cette activité, et qui la régit. Toutes les représentations plus ou moins différentes que les philosophies se forment tour à tour de ce principe ne sont que des nuances de ce même point de vue qui imagine en dehors et au-dessus d'une énergie vivante que l'on voit incertaine, hésitante, en quête de sa destinée, et l'inventant, et la créant, un θεος, un λογος immuable, fixant la loi de cette énergie.

★

A ces deux conceptions de même nature touchant le réel s'en oppose une troisième, qui trouve, dans le fait même de son antagonisme, les termes de la formule qui la définit. Par opposition au dualisme qu'impliquent les deux autres, elle est, de la réalité, une conception moniste. Elle consiste en cette appréciation : la même énergie vivante, qui crée la réalité au cours et parmi les avatars d'une évolution hasardeuse, crée du même coup la loi de cette réalité. Cette énergie n'est plus soumise à une législation fixée par un être différent d'elle-même, mais elle promulgue elle-même les décrets de cette législation à mesure qu'à travers une série de tâtonnements, de réussites heureuses et d'inventions ingénieuses, elle parvient à se formuler et à vivre. Les seules causes qui la puissent influencer sont les démarches mêmes accomplies par elle antérieurement, et ce, dans la mesure où ces démarches conditionnent ses directions futures.

A défaut de la loi objective imaginée par les esprits théologiques pour expliquer la formation du réel, à défaut de cette loi qu'infirment toutes les anomalies que présente à un œil non prévenu l'observation de la vie, la production de la réalité se montre le résultat d'une rencontre entre les différents états de division du sujet, c'est-à-dire, entre les divers fragments de la substance vivante répandue dans l'univers. Cette rencontre est caractérisée par des accords et des conflits, par des

faits de convergence et de divergence, par des faits
de répétition intéressant des ensembles de plus en
plus vastes, ayant pour effet de réunir et de soli-
dariser des fragments du mouvement cosmique en
des systèmes synergiques qui vont émerger désormais [parmi le chaos originel et lutter avec avantage contre tout ce qui est épars encore et inorga-
nisé. Ainsi semble-t-il que l'on ne puisse attribuer,
aux origines, quelque influence productrice du réel
qu'au hasard qui, là où il engendre des faits de
convergence et de systématisation, crée, au-dessus de lui, de nouveaux facteurs, des faits d'inégalité, des faits de suprématie. Ceux-ci interviennent alors et participent, favorisés ou contrariés
toujours par le jeu persistant de l'aléa, à former
des réalités plus parfaites. Ainsi la vie ne s'orga-
nise pas en vertu d'une loi du bien de la meilleure
façon qu'il serait possible, mais les divers fragments
qui réussissent à se systématiser présentent, du
seul fait de cette réussite, l'image d'une perfection
confondue absolument avec leur réalité.

L'idée de loi se montre ainsi un aboutissement,
un succédané de l'évolution, au lieu d'en être le
principe directeur. Ceci établi, un tel concept, celui
de loi, n'en conserve pas moins un intérêt considérable à l'égard de toutes les réalités dont l'évo-

lution est parvenue à son terme. Celles-ci n'accep-
tent plus de modification sans en être brisées, elles
évoluent, naissent, meurent et se renouvellent selon
un ordre toujours identique. Les modes qu'elles
ont créés, à mesure qu'elles élaboraient leur propre réalité, semblent maintenant les régir; elles ne
peuvent plus s'en écarter sans s'affaiblir ou mou-
rir; elles semblent ainsi soumises à une finalité.
La science applique donc avec succès l'idée de la
loi à toutes les réalités de cette maturité; or ces
réalités nous en sommes environnés et elles composent le tuf solide de l'existence : telles sont les
réalités intellectuelles touchant le temps, l'espace
et les principes logiques, telles sont les réalités
astronomiques, telles sont les réalités biologiques
en ce qui a trait, par exemple, aux animaux consti-
tués en espèces invariables. C'est dans la contemplation de cette part ordonnée de la vie que les
esprits théologiques ont formé leur conception
d'une finalité universelle imposée à la réalité vivante par une loi objective. Parce que les choses
sont devenues telles, ils ont imaginé qu'elles de-
vaient nécessairement devenir telles. Ils ont fermé
les yeux au spectacle hasardeux de la genèse et
ont prétendu appliquer à des phénomènes susceptibles encore d'évoluer, tels que les sentiments

moraux, une loi de finalité qui ne vaut que dans certains cas, à l'égard de certaines classes de phénomènes fixés par la durée.

II

Ainsi ce qui sépare expressément la conception positive et empirique du réel, de la conception théologique, c'est l'acceptation ou le rejet d'une finalité qui serait imposée à l'énergie vivante par un but extérieur à elle-même et immuable. Le fait d'accepter ou de repousser l'idée de cette finalité maîtresse, le fait plutôt d'imaginer avec les uns que la vie déjà possède un sens, qu'il le faut découvrir et qu'il faut vivre en conséquence, ou d'estimer avec les autres qu'il importe de créer un sens à la vie, voici la grande distinction qui établit entre les esprits une ligne de partage : d'un côté de cette balustrade, sont tous les esprits théologiques, de l'autre, tous ceux du mode nouveau.

Parmi les esprits théologiques, les rationalistes sont les plus typiques et les plus caractéristiques, car c'est précisément dans l'ordre des sentiments moraux, c'est-à-dire dans l'ordre des réalités les plus inachevées, les plus capables de se modifier encore, qu'ils en appellent à une loi supérieure à l'activité qu'elle régit et qui lui fixerait des modes invariables. Il existe à ce sujet une équivoque sur laquelle on n'insistera jamais assez jusqu'à ce qu'elle soit dissipée : le rationalisme se donne en effet et se prend pour une forme progressive de la pensée philosophique parce qu'il croit avoir débarrassé la conception théologique de son aspect anthropomorphique. Il croit ainsi l'avoir épurée. Il ne l'a en réalité qu'obscurcie et aggravée de métaphysique au sens le plus défavorable du mot. Il est vain, en effet, de prétendre échapper à l'anthropomorphisme dans l'ordre des spéculations de l'esprit, car la signification du terme n'est point restreinte à désigner l'emploi des images plastiques : l'homme ne conçoit rien en dehors des formes de sa pensée ; ses idées les plus subtiles portent ce caractère inaliénable d'anthropomorphisme ; elles ne s'en dépouillent que pour perdre en même temps le caractère intelligible. La qualité de l'esprit positif consiste à savoir cela, et que tout effort pour sortir des formes humaines de la pensée est mysticisme. L'idée *Loi*, au sens métaphysique que lui donne le rationalisme, est, au même titre que l'idée *Dieu*, une falsification, dans le but d'atteindre l'absolu, d'un procédé de connaissance dont, au cours d'une analyse précédente, on a montré l'utilité et la légitimité dans le domaine du relatif. La substitution à l'idée *Dieu* de l'idée *Loi* telle qu'elle s'exprime dans l'impératif kantien ne semble donc un progrès intellectuel que si l'on est dupe d'un artifice de langage. En fait, elle consacre, ainsi qu'on l'a montré, avec un absolutisme croissant, cette conception dualiste en laquelle réside l'essentiel du point de vue théologique.

Ce n'est pas assez de signaler le lien étroit de parenté qui existe entre la forme théologique et la forme objective de l'idée morale. Il convient de noter dès maintenant que les formes théologiques sont à vrai dire seules créatrices d'une réalité morale quelconque. En fait, historiquement, une conception objective d'une réalité de cette nature ne se formule jamais qu'à la suite de longues périodes durant lesquelles a régné une conception purement théologique du réel. C'est au cours de ce règne théologique que se précise l'objet de la morale : le rationalisme ne fait jamais rien de plus que découvrir cet objet même là où la théologie l'a placé. L'ayant découvert, il nie ses origines merveilleuses, mais il ne sait pas lui restituer sa véritable généalogie et le rattacher à l'utilité physiologique ou sociale dont il est le produit.

Montrer que les rationalistes kantiens, aussi bien que les philosophes de l'encyclopédie, ne découvrirent dans la Raison ou dans la Conscience l'idée du Bien que parce que la matière, les éléments et la forme de cette idée avaient été préalablement créés, inventés et modelés par l'instinct social, sous le couvert de la théologie apportant l'illusion nécessaire, montrer que le rationalisme moral comporte ainsi une illusion à deux degrés et perpétue les procédés de la théologie au delà de leur utilité, c'est ce qu'on s'est efforcé de faire en quelques chapitres d'un précédent livre, *De Kant à Nietzsche* (1). On va s'appliquer ici à faire voir que la conception de la réalité sentimentale a subi une crise analogue. Restreignant cette analyse à la conception de l'amour, on va faire voir que le romantisme est, sous le jour des développements qui précèdent, un cas du rationalisme dans l'ordre de la sensibilité.

On vient de dire que le rationalisme se fonde sur une fausse conception de la réalité morale. Il pose comme une entité objective et simple, exis-

(1) Société du Mercure de France.

tant par elle-même, une idée du bien et du mal dont la genèse est infiniment complexe et qui est le résultat instable d'un conflit entre les instincts individuels et les contraintes sociales et religieuses. Le romantisme repose sur une fausse conception de la réalité sentimentale. Il pose comme une entité objective et simple, existant par elle-même, l'instinct de l'amour, tel qu'on le rencontre ciselé, mis au point de la civilisation et transmué en une sorte d'œuvre d'art par ces mêmes contraintes sociales et religieuses. Dans les deux cas, une chose infiniment compliquée, dont il est possible pourtant, avec un peu de soin, d'analyser les ressorts, est prise grossièrement pour un sentiment simple, inné, situé hors de l'évolution et de la réalité empirique. Dans les deux cas, une chose qui est un compromis entre des tendances contraires est prise pour une tendance unique. Dans les deux cas, en retranchant quelques-unes des forces antagonistes dont le conflit constituait en leur point d'équilibre une réalité humaine, croyant fortifier et sanctifier cette réalité, on supprime les conditions de son existence.

Le sentiment de l'amour sous la forme raffinée

où on le rencontre au Moyen âge et dans les temps
modernes reconnaît pour matière première, aux
premiers stades de la biologie, le pur instinct de
reproduction. Il apparaît aux origines comme une
conséquence ou une contrepartie de la nutrition,
et ces deux fonctions semblent alors composer la
vie totale de la matière vivante dans la cellule. Dans
les organismes pluricellullaires et à mesure qu'en
s'élevant dans l'échelle animale la vie se complique,
cette fonction de reproduction devient l'apanage
de quelques-unes seulement des cellules de l'organisme. Celles-ci sont constituées désormais en
groupes distincts, évoluant, parmi d'autres groupes
distincts, préposés ceux-ci à d'autres fonctions et
qui tendent, luttant pour la puissance, à intéresser
à leur développement l'activité générale de l'individu. Dès lors, la fonction amoureuse n'est plus
qu'une province dans la confédération que forme
l'animal tout entier. Longtemps encore au cours de
l'évolution biologique elle va conserver l'hégémonie sur les autres provinces dont l'activité semble
avoir pour seul but de l'entretenir. Mais à mesure
que les espèces s'élèvent, elle va céder une place
de plus en plus importante à d'autres modes de
l'activité. Ce sera alors une condition de vie pour
chaque individu de l'espèce qu'elle soit limitée,

dans une certaine mesure, par ces autres modes
de l'activité, qu'elle ne s'exerce par exemple qu'en
un temps déterminé : et voici déjà une forme de
la morale de l'amour constituée par le seul jeu des
énergies de l'organisme.

D'autres formes, où apparaissent déjà des influences sociales, se dessinent dans l'animalité
même qui admet selon les espèces polygamie ou
monogamie : si le bélier, si le taureau, si le coq
sont résolument polygames, le lion, le cerf, la tour-
terelle vivent par couples. Il en est de même de
beaucoup d'autres espèces, et, chez les unes, le
mariage semble être indissoluble et, durer la vie
entière ; chez d'autres, il semble n'avoir d'effet que
pendant la durée d'une ou de quelques saisons. La
ressemblance est grande, on le voit, avec les couples humains ; il n'est pas, s'il faut en croire les
zoologistes et les observateurs des mœurs animales
il n'est pas jusqu'à la fidélité entre les époux qui ne
présente ici à peu près le même degré de rigueur,
— sans plus ni moins, — que chez l'homme. Il
reste que la monogamie, comme forme de l'instinct
de reproduction chez l'animal, nous montre déjà
une transformation capitale des manières d'être
les plus anciennes de l'amour. A l'instinct qui
pousse primitivement tous les mâles vers toutes les

femelles, voici substitué un mode qui donne une apparence toute nouvelle à la réalité amoureuse et qui la particularise singulièrement.

Il faut donc noter que, dans le règne animal lui-même, se distinguent des types divers de cette réalité instinctive de l'amour, des types dont on ne saurait vraiment en vertu de quel critérium décider lequel est le plus conforme à la nature. Il apparaît bien ici que cet instinct de l'amour est une réalité encore en pleine évolution, qui se prête à des trans-formations incessantes, dont la norme est à déter-miner avec chaque espèce nouvelle, parfois même avec les circonstances qui modifient les conditions de vie d'une même espèce.

Il n'en est pas autrement avec l'homme, et le nouveau facteur que l'on voit apparaître dans ce milieu, le facteur moral, ne fait que confirmer cette appréciation. Tandis qu'il n'existe chez l'animal, en matière de mœurs, que des états de fait, que tout état de fait et tout changement à cet état nous semblent ici également normaux, nous voyons chez l'homme que les états de fait sont accompagnés de jugements et d'évaluations qui, au nom de ce qui doit être, approuvent, condamnent, tendent à modifier ce qui est. Or, si l'on observe que ces appréciations morales diffèrent d'une race à une autre, d'un pays à un autre et, parmi les mêmes races ou dans les mêmes pays, d'un temps à un autre, il nous faut conclure qu'elles ne manifestent pas autre chose que la malléabilité, la possibilité d'évolution demeurées chez l'homme comme chez l'animal en ce qui touche aux formes de l'instinct amoureux. Ces prescriptions, ces conceptions anticipées, diverses et muables, ces impératifs changeants ne sont pas autre chose que le prolongement, sous le jour de la conscience, de l'évolution commencée parmi les centres obscurs de la physiologie. Elles nous avertissent derechef qu'avec la réalité amoureuse nous touchons à un phénomène qui, en ses extrémités, n'a pas fini d'évoluer, n'est pas fixé et ne s'est point créé une finalité inflexible.

L'homme ne semble donc pas avoir inventé des modalités de l'amour qui soient demeurées inconnues aux sociétés animales. Il est toutefois possible, dans ce nouveau milieu, de déterminer ces modalités avec une précision plus grande, par où elles nous apparaissent plus caractéristiques, parce que le phénomène de conscience qui les accompagne est de nature semblable à l'acte conscient par

lequel nous les saisissons et tentons de les analyser.

De tous ces modes, le plus particulier et auquel
ont tenté de s'identifier les autres modes supérieurs
de l'amour, il en est un, à la vérité, qui semble
n'emprunter ses éléments qu'à la seule physiologie. Il apparaît, lorsque, indépendamment ou à
l'encontre de toute contrainte sociale, un être voit
toute sa sensibilité amoureuse confisquée au profit
d'un autre être particulier et déterminé, de telle
façon qu'elle ne peut être assouvie que par la possession de cet être unique, de telle façon que la
colonie de cellules amoureuses enfermée dans sa
périphérie semble ne pouvoir frayer qu'avec une
colonie particulière d'autres cellules déterminées,
enfermées elles aussi dans la périphérie d'un être
déterminé. Ce mode de l'amour on va le nommer,
pour préciser le cas d'un seul exemple concret, le
mal de Phèdre. C'est un phénomène fort ancien et
qui toujours frappa singulièrement les imaginations.
Par ses caractères tranchés, par son relief fortement accusé, par son origine purement physiologique, semble-t-il, bien que le pouvoir d'imaginer
ajoute peut-être chez l'homme à sa violence, il est
la forme la plus typique qu'éveille dans les esprits
l'idée de passion amoureuse. Les romantiques,

quand ils formèrent leur conception de l'amour,
eurent les yeux fixés sur ce modèle.

Cette passion fatale peut-elle pourtant être considérée comme une forme plus particulièrement
objective et naturelle de l'amour? Que dire alors
de cet appétit plus général qui, à des stades moins
élevés de la vie animale, pousse les sexes sans choix
individuel l'un vers l'autre? Que dire de ce brutal
instinct dont l'impétuosité persiste encore chez les
espèces supérieures, demeure chez l'homme, malgré l'opposition habituelle des morales, et se montre ici, à vrai dire, le plus souvent, l'apanage de la
santé physique? A moins de refuser à ces formes
plus anciennes de l'instinct sexuel le caractère
naturel, il reste que le mal de Phèdre, ce mode de
la passion amoureuse exclusive et spécialisée, n'est
ni conforme, ni opposé à un *en soi* naturel et objectif et qu'il réalise seulement un état de fait où
des instincts opposés, se rencontrant et se faisant
équilibre, dessinent les contours d'un phénomène
passionnel saillant et manifeste.

Il faut déjà faire remarquer ici que cette forme
violemment passionnelle de l'amour, en faveur de
laquelle le romantisme invoquera un droit de liberté, ne nous donne pas elle-même cet exemple de
liberté, il faut noter que les éléments physiologi-

ques,qui semblent seuls en jeu ici, nous enseignent au contraire la tyrannie et nous montrent la contrainte comme un moyen de forger les réalités fortes. Le mal de Phèdre, durant le temps qu'il s'exerce, consacre, par le seul jeu des instincts ou de pouvoirs chimiques dont l'analyse nous échappe, une restriction inouïe, et dont nulle contrainte sociale n'égalera par la suite la rigueur, à la liberté d'un instinct sexuel plus ancien et d'une passion de volupté accoutumés longtemps à s'assouvir sans frein. Il nous montre donc seulement une forme particulière de cet instinct de volupté, endigué par des contraintes dont nous ignorons la nature, recevant la forme particulière que nous lui voyons des obstacles qu'il rencontre et qui, limitant son expansion, augmentent son impétuosité vers la seule issue qui lui demeure ouverte.

A côté de cette forme de l'amour créée dans l'homme par la physiologie, en voici d'autres créées par l'intervention sociale. Au cours des âges, selon la diversité des climats et des circonstances avec l'appui et par le moyen des religions et des lois, l'utilité sociale a ciselé, dans la matière brute de l'instinct, des motifs divers et voici, tour à tour accompagnées de rites et de pratiques parfois singulières, la promiscuité primitive faisant place à la

polygamie, puis aux différentes formes de la monogamie tempérée par le concubinat, la prostitu-
tion et l'adultère. Parmi les peuples de l'Europe
chrétienne, tout l'effort social semble tendre à consacrer dans l'humanité l'état monogame. Non seulement les lois civiles et religieuses, longtemps confondues, prohibent, en faveur du mariage d'un seul
avec une seule, les autres modes possibles de l'as-
sociation amoureuse, mais, à côté de prescriptions
positives, à côté des sanctions qui les accompagnent, à côté de cet ensemble de mesures impéra-
tives qui ont pour effet de situer cette forme légale
de l'amour en un rang privilégié où le plaisir s'accorde avec l'intérêt et la commodité, on observe
aussi dans le même sens une intervention de la pro-
pagande littéraire et de la mode. Toute la littérature de la chevalerie et des cours d'amour va à
imposer aux esprits un idéal déterminé de l'amour.
Et si cette conception ne se confond pas absolument avec celle que favorisent les Etats, si elle n'i-
dentifie pas complètement l'amour avec le mariage,
elle n'en introduit pas moins dans ce sentiment
l'obligation d'une fidélité et d'une constance réciproques qui ont pour effet de le spécialiser dans le
même sens que font les lois. Le sentiment de l'hon-
neur, si énergiquement cultivé à cette époque, for-

tifie de ses sanctions intimes et publiques cette
conception de la passion amoureuse où collabo-
rent, avec les impulsions de l'instinct physiologique, des motifs d'aimer tirés de la considération
des vertus morales et des qualités intellectuelles.

Faut-il donc ici encore s'insurger et prétendre
que cette conception monogame de l'amour, parce
qu'elle est favorisée alors par la loi et la coutume,
est contraire à la nature? De quel droit, puisque
nous voyons l'animalité même aboutir, non point
exceptionnellement, mais d'une façon fréquente, à
l'état de fait que cette conception préconise? De
quel droit, puisque nous avons vu naître, issues
d'un débat où la physiologie seule intervient, en
dehors et à l'encontre de toute préoccupation
morale, telles passions exclusives assez fortes pour
déterminer au suicide des êtres empêchés de les
satisfaire? Faut-il donc, d'autre part, affirmer que
cette conception est conforme à la nature des
choses et réalise un idéal naturel ? De quel droit
demandera-t-on encore, lorsque la nature nous
montre avec une même impassibilité des exemples contraires où la matière vivante, animée du
seul désir de se multiplier, mêle les êtres sans
choix, lorsque nous voyons le fait de cette impulsion sexuelle générale, dominant toute sélection

particulière, persister chez les espèces les plus
élevées ? Il reste donc encore que cette conception,
avec l'arbitraire qu'elle comporte, est une des
réussites où, à un moment donné de l'évolution et
de l'histoire, se manifeste avec quelque durée une
forme spéciale et déterminée de la réalité amoureuse. Il reste encore que cette forme se montre ici
ce qu'elle se montre ailleurs : un compromis entre
un instinct d'expansion et de reproduction, propre
à la vie et très ancien, et d'autres tendances plus
récemment apparues et avec lesquelles cet instinct
plus ancien est tenu de transiger. Il reste enfin que
l'instinct amoureux, matière première de la vie,
père de tous les autres instincts, indestructible
comme la vie même, n'a point reçu encore une
forme fixe et hiératique, qu'il se montre à ses extrémités, malléable, accommodant et susceptible de
s'assouplir au gré de la fantaisie nombreuse des
circonstances.

Cette souplesse a fait ses preuves dans un milieu
purement physiologique, où l'instinct le plus primitif de l'amour s'est laissé modifier par des influences qui ont su le contraindre. Il n'y a pas lieu
de s'étonner qu'elle persiste dans le milieu humain
où des influences mentales, des représentations
anticipées se montrent les prolongements et les

équivalents, sous le jour de la conscience, du débat
purement physiologique des origines. De leur
parenté avec cette action physiologique dont elles
sont les masques, les conceptions que l'homme se
forme sur l'amour tiennent leur pouvoir de changer dans une certaine mesure la forme des sentiments amoureux.

Cette action impérative des influences mentales
ainsi justifiée, on constate que, mis au point et
sculpté par la contrainte des lois, du christianisme,
de la coutume et de la littérature, l'instinct amoureux s'est trouvé être, parmi les peuples civilisés de
l'Europe moderne, une réalité sentimentale où se
mêlèrent, au gré d'un art mûri par les siècles, la
violence des instincts primitifs, la douceur et le
raffinement des sentiments esthétiques et moraux,
une réalité, d'autre part, qui trouvait le plus souvent sa place avec aisance parmi les autres réalités
sociales, en sorte qu'elle engendrait à la fois des
vertus et du bonheur.

En présence de cette réalité heureuse, admirable
ouvrage, et artificiel, de la patience et de l'ingéniosité humaines, faite du juste assemblage de ten-

dances contradictoires, le romantisme a cru à l'existence d'une réalité objective, innée dans le cœur de l'homme. Cette forme spiritualisée de l'amour, produit d'un immense labeur de l'imagination poétique et des suggestions religieuses et sociales appliqué à des formes instinctives affinées déjà au cours de l'élaboration physiologique, le romantisme l'a confondue avec un instinct naturel existant de toute éternité.

Il a nié au profit d'une hypothèse métaphysique le lent et hasardeux travail de coordination des éléments multiples de la vie. A la manière de la théologie, il a vu des entités souveraines et permanentes là où n'existent que des réussites passagères et qu'un effort continu de la volonté parvient seul à faire durer. Poussant à bout cette fausse conception sur la nature des choses, le romantisme en est venu à imaginer que l'amour produirait d'autant mieux ses conséquences bienfaisantes au point de vue du bonheur humain, engendrerait d'autant mieux dans les cœurs les vertus présumées inhérentes à sa nature qu'il serait délivré des contraintes dont on a vu qu'elles contribuèrent à le former. Parce qu'ils ont pris pour un sentiment simple un instinct humain d'une extrême complexité, les romantiques ont cru pouvoir élaguer autour de ce sentiment tout ce qui était apport des conventions sociales ou religieuses, tout parti-pris, tout apprêt volontaire et, ce faisant, ils ont supprimé les conditions indispensables à la formation de ce sentiment mis au point de perfection qui les avait séduits. Une telle confusion peut être comparée exactement à l'illusion d'un éleveur qui, ayant fait naître des hybrides par le croisement d'animaux choisis parmi des espèces voisines, croirait posséder une race naturelle et prétendrait la perpétuer en unissant entre eux les produits inféconds de ces croisements. Les sentiments humains, dès qu'ils parviennent à la complexité qu'ils revêtent dans le monde moral, sont ces êtres hybrides qui ne parviennent pas à se reproduire eux-mêmes et dont il faut sans cesse et à nouveau créer le type par le rapprochement des circonstances et des conditions dont leur existence dépend. A l'application, la sentimentalité romantique, fondée sur la méconnaissance de sa propre réalité, et soustraite à sa genèse artificielle, aboutit à l'impuissance. Elle se supprime elle-même.

En fait, il en est ainsi et on peut observer que la conception romantique de l'amour s'est montrée impuissante à sauvegarder et à faire vivre sa propre réalité, constituée naguère par un concours de circonstances dont elle reniait quelques-unes. Impuissante à créer, elle s'est montrée un agent de dissociation aussi bien à l'égard des formes sociales de l'amour qu'à l'égard de cette passion intense et exclusive qui s'est constituée aux sources de la physiologie. En exaltant dans la passion amoureuse la part instinctive qu'elle comporte, en affranchissant cette passion de toute règle et de toute contrainte, elle a discrédité les formes légales de l'amour. Mais en proposant pour idéal, en attribuant en quelque sorte le caractère d'une vertu à cette passion exclusive, intense et dramatique dont les hasards des combinaisons physiologiques font éclore quelques cas authentiques, elle a excité les imaginations à la parodie.

Une telle provocation ne se rencontre pas auparavant dans le milieu social. Jusqu'à l'époque du triomphe de la conception romantique, la passion, loin qu'elle soit proposée comme objet de désir, est réputée fléau : car elle asservit à ses fins l'activité tout entière d'un être qui, dès lors, perd le libre exercice de ses autres instincts et des facultés diverses par où il accomplissait sa fonction humaine et, le plus souvent, elle le met encore en guerre avec les réalités sociales qui l'environnent. C'est

9.

ainsi que la littérature antique ne fait point grand
état de l'amour et des guerriers qui s'y abandonnent. Pâris apparaît dans l'Iliade comme un héros
sans noblesse. La passion demeure ici l'apanage
de la femme. Encore est-elle dépeinte sous un jour
redoutable : elle est funeste aux cœurs qu'elle sub-
jugue et voici que les rythmes des poètes font
entendre encore à nos oreilles la plainte d'Ariane
et le sanglot irrité de Didon. Homère et les poètes
attribuent à l'amour tous les symptômes d'un mal
physique et c'est bien le mal de Phèdre, tel que
Racine nous l'a restitué, selon les modes de sa fatalité tragique : une possession qui ne diffère point,
par la façon dont elle terrasse un être, des fureurs
qui s'emparent d'Oreste. Le moyen-âge ne s'en fait
pas une idée bien différente : il y voit les conséquences d'un ensorcellement, d'un maléfice. Mais
une telle attitude à l'égard de la passion nous
garantit son authenticité lorsque nous la voyons
s'abattre sur un être. C'est bien alors l'oiseau de
proie qui fond sur la fuite inutile de sa victime.
Nous reconnaissons sur la chair en émoi les mar-
ques véridiques et sanglantes de l'étreinte. Un tel
spectacle nous émeut et nous séduit aussi par sa
violence. Il composa toujours une tragédie d'une
admirable beauté par la simplification qu'il intro-

duit dans tous les ressorts d'un organisme tendus vers un seul but.

Le Romantisme qui, entre autres fautes de critique, confondit les plans de l'esthétique avec ceux de l'éthique, ne vit dans cette passion que l'admirable intensité qui s'y révèle. Il renversa à son endroit l'attitude des imaginations. Elle était un objet d'effroi, il en fit un objet de désir. Mais, par là, il supprima l'obstacle qui faisait sa violence et sa beauté, contre lequel, se brisant et s'irritant, elle nous attestait sa réalité et sa force. Il devint permis de douter dans quelques cas de la réalité d'une passion que la mode littéraire avait mise au pinacle et qu'il eût été avantageux de feindre à défaut de l'éprouver. La ressentir devint une perfection et il arriva que beaucoup de jeunes hommes et de jeunes femmes transformèrent, sous l'empire de la mode romantique, des inclinations éphémères et des instincts trop naturels en cette passion spécialisée : ils se donnaient ainsi le spectacle d'une sensibilité violente et rare. Mais de telles passions, qui ne tiennent point leurs conditions de durée d'une spécialisation physiologique toujours exceptionnelle, ne les reçoivent pas non plus de contraintes morales qui ont été soigneusement écartées de l'idée de l'amour. A l'usage, elles se montrent impuissantes à engendrer une constance que l'amour physiologique sous sa forme la plus normale ne comporte pas et, longtemps avant que de s'éteindre, elles ne continuent d'exister que par un effort d'imagination qui échoue à les réaliser.

III

C'est une bonne fortune pour le philosophe, et qu'il ne doit négliger, lorsque la vie lui fournit, en un raccourci concret, quelque exemple illustre à l'appui de ses raisonnements. C'est une bonne fortune plus rare et d'autant plus précieuse lorsque cet exemple s'offre à lui mis au point et préparé déjà pour l'illustration par l'historien, le romancier ou le psychologue. Aussi évoquerai-je, à l'appui des derniers développements de cette étude, ces *Amants de Venise*, où M. Charles Maurras, nous faisant un récit nouveau d'une aventure ancienne, nous a exposé, par-dessus l'anecdote qu'il eût délaissée, le jeu de cette conception romantique de l'amour dans le cœur et dans la tête de deux héros de lettres, George Sand et Musset.

Ce qu'il nous a montré en une suite d'analyses

singulièrement habiles et clairvoyantes, c'est bien
proprement le Bovarysme de l'amour romantique, c'est une fausse conception touchant les conditions de la réalité amoureuse, détruisant la réalité
amoureuse, c'est bien, avec un détail plus précis,
comment, en supprimant les contraintes qui met-
taient auparavant l'instinct sexuel au point des
formes les plus hautes de l'amour, comment, en
ajoutant même à la violence de l'impulsion physiologique, qui réclamait un frein, l'excitant d'une
apothéose, la conception romantique de l'amour a
compromis l'existence même de l'amour. Enfin,
M. Maurras a décrit avec une rare lucidité comment le nouvel apprêt apporté par le romantisme
à l'idée de l'amour l'a transformé, par une com-
binaison différente des éléments en jeu, en cet
autre fait qui est bien le trait caractéristique du
romantisme, un fait de frénésie, où la violence
même de la passion déchaînée vaut par elle-même,
indépendamment des directions qu'elle implique.

« Pour bien aimer, a formulé M. Maurras, il ne
faut pas aimer l'amour. Il ne faut pas le rechercher,
il est même important de ressentir pour lui quelque haine. S'il veut garder toute la douceur de son
charme et la force de ses vertus, l'amour doit s'imposer comme un ennemi qu'on redoute, non comme

un flatteur qu'on appelle. La *Phèdre malgré soi* du
théâtre classique reste le modèle du véritable mal
sacré : non souhaité, subi (1). » Or, il lui semble bien
que la passion même de l'amour fut plus forte chez
Alfred de Musset que l'amour qu'il éprouva pour
sa maîtresse. Il rappelle le « j'aimais à aimer » des
Confessions de saint Augustin et l'applique à son
héros. Il nous laisse entendre comment cette ardeur d'aimer, toujours impatiente de se fixer sur
quelque objet, et toujours prête à prévenir l'amour,
fait obstacle à cette passion véritable qui, suscitée
chez un être par un être déterminé tient, de la par-
ticularité de l'objet qui l'excite, sa violence réelle et
sa durée. Chez Musset, cette passion d'aimer, qui
se repaît d'elle-même et que ne détermine pas avec
fatalité une femme plutôt qu'une autre, cette passion d'aimer se tourne en une passion de sentir,
qui lui fait dire : « L'exercice de nos facultés, voilà
le plaisir ; leur exaltation voilà le bonheur (2). »
Et voici bien cet amour de la passion pour elle-
même et pour le paroxysme où elle atteint, qui,
supprimant avec le romantisme les buts définis de
l'amour, leur substitue des buts nouveaux et fait
dévier l'amour vers un autre souci : celui d'une per-

(1) *Les Amants de Venise*, p. 266. Ed, Fontemoing.
(2) Cité par M. Maurras, dans *les Amants de Venise*, p. 35.

fection sentimentale résidant dans le fait de l'exaltation passionnelle.

Sous l'empire d'un tel souci, Alfred de Musset en arrive bientôt à ajouter à la passion de l'amour d'autres stimulants, et jusqu'à l'aiguillon même de la douleur, témoin cet aveu pathétique évoqué par M. Maurras :

J'aime et je veux pâlir, j'aime et je veux souffrir.

Loin que l'amour, associé ainsi à la douleur, lui semble désormais haïssable, il le désire et l'appelle avec plus de force et tient *pour des jours où il n'a pas vécu les jours où il n'a pas aimé.* Ainsi, en vertu de la loi d'ironie qui condamne les volontés humaines à réaliser des buts différents de ceux qui sont par elles visés, l'amour romantique nous montre bien ici qu'il n'est plus sa propre fin à lui-même, qu'il n'est qu'un des moyens par lesquels un être se donne la représentation esthétique de son propre moi animé de l'ardeur la plus intense. « L'amour, dit d'Alfred de Musset M. Charles Maurras, lui servait à jouir de soi exactement comme à Narcisse le ruisseau (1). » Et il faut lire les pages où il explique comment George Sand, le trahissant et le torturant, remplissait à vrai dire

(1) *Les Amants de Venise*, p. 33.

le rôle que strictement il exigeait d'elle, dont il eût su faire tenir l'emploi à d'autres femmes à défaut de celle-ci.

Avec Alfred de Musset, c'est bien l'idée même de l'amour telle que le poète l'a conçue, qui, à l'user, se montre irréalisable. Délivrée par la conception romantique des contraintes au moyen desquelles les lois et les mœurs l'avaient mise au point de l'amour, l'impulsion sexuelle se montre impuissante à produire, par un effet de sa nature, les qualités de constance et les effets de durée que le héros romantique lui attribuait le pouvoir d'engendrer. Alfred de Musset en fit d'abord l'expérience par lui-même. Le premier, il se sentit enclin au changement ; mais cette aventure personnelle n'eut pas le pouvoir d'éveiller sa défiance à l'égard de la conception qu'il s'était formée de la passion. L'illusion romantique était chez lui tenace et il y demeura encore attaché lorsqu'il vit se manifester aussi chez sa maîtresse cette même instabilité propre aux modes les plus anciens de l'amour : devant cette conséquence et plutôt que d'incriminer l'amour ou le faux idéal qu'il s'en était composé, il accusa la femme.

Il ne semble pas que George Sand ait fait entrer dans sa propre conception de l'amour l'idée que la

passion dût impliquer nécessairement l'exclusivisme
et la durée. « Je ne me suis jamais, dit-elle, imposé
l'amour comme un devoir, la constance comme un
rôle (1). » Mais son bovarysme fut d'une autre
sorte et s'exerça plus particulièrement à l'égard de
l'idée morale. Elle croyait, comme Rousseau, à
l'efficacité des instincts naturels pour engendrer
la vertu. Eprise d'un idéal de bonté, estimant que
le mal, c'est la douleur des autres, elle imagina
vainement que sa bonté instinctive dût la préserver
de causer ce mal. Cette bonté, qui lui semblait l'a-
panage naturel de la nature humaine, ne se mon-
tra pas, à l'usage, un frein assez fort pour maîtriser
l'instinct de volupté. La douleur imposée par elle
à son amant infligea un démenti à la fausse conception qu'elle s'était formée du cœur humain et
du pouvoir de la conscience.

Définissant les deux protagonistes de cette expérience sentimentale, « l'un, a dit M. Maurras, ne
croyait qu'à l'amour, l'autre ne croyait qu'aux
âpres beautés de l'orgueil. Ils méprisèrent donc les
divers mécanismes par lesquels la tradition du
genre humain, fermement définie chez les peuples
civilisés, a tempéré l'orgueil et maîtrisé l'amour (2) ».

(1) Cité par M. Maurras, dans *les Amants de Venise.*
(2) *Les Amants de Venise,* p. 3.

Chez l'un et chez l'autre, la conception romantique de la moralité naturelle ou de l'excellence de l'amour manifesta son impuissance à maîtriser des instincts de formation plus ancienne et la passion célèbre des deux amants de lettres, destinée à immortaliser l'amour romantique, avorta en des querelles et des rancœurs où la vanité blessée finit par remplacer l'amour.

IV

Confirmant la thèse exposée au début de cette étude, les analyses de M. Maurras précisent donc l'étroite parenté qui unit la conception rationaliste de la réalité morale à la conception romantique de la réalité amoureuse. Il faut formuler de nouveau que le romantisme imagine, dans le domaine de la sentimentalité amoureuse, une forme objective de l'instinct, un *en-soi*, comme le rationalisme imagine, dans le domaine de la moralité, une forme objective de la conscience engendrant les idées du bien et du juste. Par cette fausse appréciation de la réalité et des conditions qui la font naître, l'une et l'autre conception joignent le dogmatisme le plus étroit et le moins fondé à un principe d'anarchie. D'une part, elles considèrent comme une chose achevée, dans l'ordre des mœurs et des sentiments, une réalité qui, née d'une lente évolution, n'a point encore atteint son terme et peut se prêter encore à des modifications utiles à l'individu et à la société : tel est leur aspect dogmatique qui menace d'arrêter prématurément la croissance de la Vie. D'autre part, en considérant comme des tendances simples et parfaites, existant en raison d'une nécessité interne, les réalités complexes qu'elles envisagent, elles suppriment l'intervention des pouvoirs d'inhibition qui mirent au point de leur perfection les instincts impulsifs, matière première de toute entité passionnelle ou morale : c'est par là qu'elles sont un principe de désordre et d'anarchie et qu'elles mettent en péril les réalités mêmes qu'elles préconisent.

Est-ce à dire que tout soit à condamner en cette double et jumelle conception du rationalisme et du romantisme, qu'il en faille tout rejeter et dédaigner ? Faut-il admettre sans restriction que de telles manières de voir, qui ont conquis des esprits généreux, qui ont déterminé depuis cent ans un grand

élan parmi les hommes, faut-il admettre que ces
manières de voir soient dénuées de toute beauté,
de toute force, de toute efficacité? Une telle conclusion, qui tendrait à exclure de l'effort collectif
en vue d'élaborer les formes des civilisations futures, une fraction importante de l'élite humaine,
imposerait les pronostics les plus pessimistes sur
le succès de tentative. Si l'on songe d'ailleurs que
tout le progrès de l'humanité antérieure a été
accompli au moyen de croyances absurdes, on est
contraint de reconnaître que les erreurs de l'esprit
laissent place à des éléments d'énergie où persiste
un pouvoir utilisable et qu'il ne faut pas négliger.

Quel est donc l'élément efficace qu'il importe de
distinguer dans la croyance rationaliste et dans
l'idéal romantique sous le vice intellectuel qui s'y
manifeste ? C'est un état de sensibilité, c'est l'aveu
d'une préférence pour les états mêmes de la moralité et du sentiment qu'ils menacent de détruire.
Cet aveu nous apprend qu'à travers ses tâtonnements l'évolution de la vie a réussi à inventer déjà
des formes de la réalité morale et sentimentale qui
ont su plaire aux hommes. Il nous indique dans
quelles directions doit être continué l'effort volontaire des individus et des sociétés en vue de créer
la destinée humaine. Il nous montre aussi que les

hommes, divisés quant aux origines qu'ils attribuent à l'idée et aux sentiments moraux, n'en sont pas moins animés sur quelques points importants d'une sensibilité voisine, et éprouvent des désirs communs. Les idées d'un bien absolu, d'une justice absolue, d'une égalité universelle entre tous ne répondent à aucune réalité objective, elles sont même incompatibles avec les conditions de la vie phénoménale. Mais elles témoignent, sous l'absurdité de la construction logique, d'une sensibilité que révoltent des écarts trop grands entre les diverses conditions humaines, d'une sensibilité morale qui du moins s'est déplacée et ne supporte plus la vue de telles formes anciennes de la souffrance. La conception rationaliste envisagée sous ce jour nous offre un enseignement précieux : elle nous fait connaître quelle est la forme actuelle de la conscience humaine telle que l'a façonnée le long effort de la civilisation. Elle nous indique les modes contemporains d'une sensibilité normale.

La conception romantique fait de même. En proclamant que tel mode de la sentimentalité et de l'instinct amoureux sont l'expression d'une réalité naturelle et objective, en dehors de laquelle tout est anormal, elle ne fait qu'attester le goût pris par une élite à un certain état de l'instinct sexuel où la violence des impulsions physiologiques s'allie en quelque mesure à l'attrait exercé par des qualités intellectuelles et morales, où la spontanéité brève des instincts primitifs emprunte à des contraintes conventionnelles des qualités nouvelles de solidité et de durée.

§

Si toutefois le mouvement rationaliste nous renseigne sur les sentiments moraux qui ont su plaire aux hommes, à cela se réduit son rôle utile. C'est désormais à la conception subjective du réel, dont on a formulé les termes en dernier lieu, qu'il convient de demander les moyens de perpétuer et d'amender au besoin ces formes heureuses et raffinées des instincts.

Il nous est apparu, sous le jour de cette conception, que les sentiments moraux prennent naissance à la rencontre de deux courants instinctifs s'opposant l'un à l'autre, mais issus d'une même source : le moi humain. Des instincts égoïstes donc, refrénés par d'autres instincts égoïstes, qui, faisant obstacle dans une certaine mesure à l'expansion des premiers, leur imposent, en les limitant, des contours définis, tels sont les éléments

positifs qui entrent dans la composition des sentiments moraux. Or, si l'on considère comme donnés
les instincts du premier groupe, que l'on peut
nommer des instincts d'impulsion, il reste à rechercher sous quelles influences ont surgi dans le moi
humain les instincts égoïstes du second groupe
qui, agissant sur les premiers comme des freins,
peuvent être appelés des instincts d'inhibition.

On constate historiquement que ces influences
furent de deux sortes. Les premières se manifes-
tèrent sous forme de croyances religieuses. Elles
s'élevèrent, aux époques théologiques, dans le
milieu individuel lui-même : elles persuadèrent l'é-
goïsme individuel, modifié, transposé et compliqué
par l'illusion qu'elles apportaient, de résister aux
formes les plus primitives et les plus immédiates
de l'égoïsme individuel. Les secondes se firent sentir dans le milieu social sous forme de menaces.
Elles contraignirent l'égoïsme individuel, par la
crainte d'un châtiment, à réagir contre ces mêmes
formes plus primitives et plus immédiates de l'é-
goïsme individuel. Elles agirent ainsi sur l'individu par des contraintes extérieures, tandis que les
premières agissaient par persuasion et détermi-
naient le consentement intérieur.

Si, après avoir reconnu l'existence de ce mécanisme d'inhibition à l'époque où se forma la réalité morale sur laquelle nous vivons, on examine quel en est actuellement l'état de conservation, on en vient à constater que, des deux rouages qui assuraient son bon fonctionnement, celui-là seul est encore intact et efficace qui consiste en l'action de la contrainte extérieure. L'ancienne illusion théologique a perdu le pouvoir d'halluciner les consciences ; elle est destinée sans doute à perdre de plus en plus ce pouvoir et, avec lui, le caractère d'utilité qui seul la justifiait.

En présence de cette constatation, il semble qu'il importe à tous ceux que préoccupe la durée de la civilisation sous ses formes ascendantes de chercher, en dehors de cette source ancienne d'illusion aujourd'hui desséchée, le principe de contrainte propre à remplacer celui qui vient à manquer aujourd'hui, le principe de contrainte propre à donner à la matière ardente des instincts forme de sentiments humains.

Là-dessus, quelques sociologues pourront imaginer que les principes du droit de mieux en mieux définis, sanctionnés par des pénalités qu'une organisation sociale plus parfaite rendrait plus inévitables, seront désormais un frein suffisant pour mettre au point les instincts. Il est permis de douter qu'une telle prévision se réalise. Il est permis surtout de penser que des sentiments moraux formés par l'entremise de cette seule forme extérieure de la contrainte manqueraient de cette noblesse que confèrent aux modes de la conduite le consentement intérieur et l'adhésion volontaire. Une telle forme de la moralité ou de la sentimentalité n'impliquerait-elle pas une déchéance et une régression par comparaison avec les formes obtenues par l'office des illusions anciennes? Il y a donc ici une œuvre d'art à forger, une œuvre qui incombe peut-être à notre temps. Il s'agit d'inventer, à la place des contraintes anciennes, des contraintes nouvelles puisant leur efficacité en des motifs nouveaux, motifs à faire surgir du cœur humain, à entretenir et à fortifier. Des deux éléments d'inhibition qui, refrénant les impulsions instinctives, engendraient la réalité morale et sentimentale et jusqu'à la réalité passionnelle même, un seul nous reste, la loi ; l'autre, la croyance, est usé. Par quel mobile intérieur remplacer ce mobile intérieur qui vient à faire défaut? Par le désir, telle est la réponse, en forme d'hypothèse, que l'on ose ici risquer.

L'esprit critique a détruit l'idée de vérité qui était l'objet de la croyance, mais il n'a pas détruit l'état de sensibilité inventé par la croyance. Or, on

10.

peut se demander si le goût pour une réalité
ébauchée qui déjà a su plaire aux hommes, ne
pourra pas leur inspirer des vertus que leur imposa
la foi théologique ou métaphysique. Ne sauront-
ils servir une réalité dont ils se connaîtront les
inventeurs d'un zèle aussi efficace que celui dont
s'enflammèrent leurs prédécesseurs à l'égard d'une
vérité qui s'offrait sous un déguisement étranger ?
Le désir qu'une chose soit, parce qu'on l'aime et
qu'on la veut, ne saura-t-il remplacer en bienfai-
sance la croyance qu'une chose est par la volonté
divine ou en raison de la nature des choses ? S'il
en est ainsi, les hommes ne sauront-ils aimer et
cultiver comme un moyen, au service du désir, les
partis pris de la volonté ? La présence d'un frein
opposé à la frénésie de l'instinct ne se montrera-t-
elle pas comme une attitude d'utilité adoptée par
l'instinct lui-même en vue de se conserver, comme
un symptôme de santé et de force de l'instinct ?
L'empire sur soi-même, le pouvoir de mesurer ses
actes n'apparaîtront-ils pas comme une marque de
süpériorité, comme un motif de s'estimer ? Cette
joie d'orgueil n'aura-t-elle pas, pour humaniser les
instincts, le même empire qu'eurent naguère la
crainte religieuse et les prétendus impératifs de la
raison ? On peut espérer plus encore, et, si toute

activité efficace se reconnaît à son pouvoir d'engendrer l'illusion, il n'est peut-être pas téméraire de supposer que la violence du désir, à la façon de l'ancienne fiction de vérité, saura susciter au profit de ses fins des leurres assez forts pour nous séduire et nous duper. Car ce n'est pas de ce que les anciens mensonges, théologique ou rationaliste, sont des mensonges, qu'on leur tient ici rigueur, mais seulement de ce qu'ils sont démasqués et qu'ils ne savent plus séduire et persuader.

Septembre 1903.

HENRI HEINE

ET

LE ROMANTISME DE LA RAISON

I. Symbole du malaise d'une époque, Henri Heine se montre
impuissant à concilier ses goûts et ses tendances de haut
civilisé avec le dogme idéologique que la philosophie de la
Révolution oppose au dogme théocratique. — II. Cette conciliation du nouveau dogme avec les formes élevées de la vie
sociale est-elle donc impossible? Théoriquement, oui. Mais les
dogmes, de quelque nature qu'ils soient, ne sont pas la réalité
même qui est toujours préalablement donnée. Ils contribuent
seulement à la modifier selon les luttes où leurs pétitions
absolues s'opposent les unes aux autres, et selon les compromis où ils composent avec les formes préexistantes de la sensibilité.

I

M. Lichtenberger qui, le premier, nous donna,
avec un portrait de Nietzsche très consciencieux et
très fouillé, un exposé fidèle des principaux points
de vue du philosophe vient, en un nouvel ouvrage (1),
de nous restituer la physionomie complexe de
Henri Heine. Faisant abstraction du poète, il n'a
voulu se préoccuper que de l'homme et du penseur.

(1) *Henri Heine penseur*, par Henri Lichtenberger, Alcan.

Il risquait, semble-t-il, d'alléger par cette restriction l'intérêt de son étude. Mais en attribuant au modèle qu'il avait entrepris de peindre une valeur représentative de l'âme inquiète de son époque, il a su conférer à cette biographie psychologique un caractère de haute généralité, compensant par ce souci les restrictions auxquelles il s'était volontairement condamné. L'attrait du point de vue auquel, en historien de la pensée, M. Lichtenberger s'est élevé, s'avive d'ailleurs de ce qu'il s'exprime à travers les gestes, les élans et les revirements d'une sensibilité concrète, bien faite pour refléter les influences de son temps, une sensibilité de poète. S'il est possible en effet de reléguer, pour une étude sur le penseur, l'œuvre lyrique de Henri Heine, on ne saurait dissocier du jeu et de l'évolution de sa pensée la sensibilité où cette pensée s'est nourrie. Or, celle-ci demeure la même qui suscita la génialité du poète.

Tour à tour, et quelquefois dans le même temps, romantique et classique, rationaliste et mystique, aristocrate extrême et démocrate forcené, Heine porte en lui toutes les contradictions qui écartèlent et déchirent le cœur et l'esprit des hommes de son temps, de ce temps qui est encore un peu le nôtre. Il paraît donc intéressant d'examiner ces contrastes au cours des analyses de M. Lichtenberger. On

verra par la suite s'il n'est pas possible, sous le jour
de cet exemple particulier, de découvrir le vice
intellectuel qui jette le désarroi entre les diverses
tendances de la sensibilité contemporaine.

Il est malaisé de s'entendre absolument sur la
signification du terme *romantisme*. Cette signification a varié avec les différentes phases de ce mouvement qui n'a pas eu une évolution complètement
identique dans tous les pays où il s'est manifesté,
en Allemagne, en Angleterre, en France. M. Lichtenberger l'oppose en Allemagne au rationalisme.
Il le montre naissant d'une protestation de l'enthousiasme contre un rationalisme sénile, se formulant
en guise de réaction contre « l'ère des lumières » et
attribuant « dans la vie psychique de l'humanité
une importance toujours plus grande aux éléments
irrationnels, à l'intention mystique, au sentiment,
à l'amour ». Il le montre aussi détruisant « l'illusion du droit naturel et du contrat social » et concevant le Droit, l'idée morale, comme une manifestation du génie national qui réaliserait dans chaque peuple particulier la manière d'être particulière
propre à la race. Sur cette pente, le romantisme

allemand faisait une part de plus en plus large à
la tradition où ce travail de réalisation ethnique
s'était élaboré. Finalement, en haine de la religion
rationnelle de l'impératif kantien et de la présomption qui s'y manifeste, il en venait à confesser la faiblesse et la misère humaine, demandant à la Révélation divine la signification de l'énigme de l'Univers.

C'est là en effet l'une des routes que le romantisme a suivies. Il en est d'autres et si, sur ce premier circuit, le romantisme s'oppose bien sur tous
les points au rationalisme, il se confond au contraire
avec lui sur d'autres chemins et particulièrement
sur les routes de France où Rousseau instaure un
véritable rationalisme de la sentimentalité et de
la passion, que l'on pourrait nommer aussi le
romantisme de la Raison. La passion s'empare ici
du caractère objectif et sacré dévolu naguère à
l'idée du devoir tel que le définissait le dogme, tel
que le prescrivait le commandement divin. Avec
cette part du romantisme, dont George Sand, après
Rousseau, fut le protagoniste le plus typique, le
romantisme oppose à la réalité forgée par la divinité une forme nouvelle de la réalité, non moins
exigeante et absolue ; il imagine un en soi sentimental de la même façon dont le kantisme avait

imaginé un en soi moral. La Nature édicte dans l'ordre sentimental le même impératif que la Conscience avait décrété dans l'ordre moral. L'homme dans les deux cas se voit prédestiné à un certain mode d'existence qui le domine et lui commande.

Henri Heine participe un peu de toutes ces formes du romantisme qui déjà impliquent entre elles contradiction. Par surcroît, il s'avère rationaliste dans l'entière et religieuse acception du terme.

Romantique il l'est par l'intensité exceptionnelle de sa sensibilité, par l'importance aussi qu'il lui prête. Il voit en elle « le signe distinctif de sa nature supérieure », préférant, constate M. Lichtenberger, à toute théorie engendrée par la réflexion « ses impressions immédiates, vivantes, qui s'imposent à lui avec une entière évidence... plein de respect et de prédilection pour ce qui est naturel, spontané, instinctif, pour la vie subconsciente de l'âme, pour les phénomènes de la vie psychique élémentaire, en un mot pour toutes les manifestations de ce que Nietzsche appelait le « Soi », la « grande raison » et plein aussi de scepticisme et de dédain pour tout ce qui est produit de la réflexion, du raisonnement, du calcul, bref, de « la petite raison (1) ». C'est sous les auspices de ce roman-

(1) *Henri Heine penseur*, p. 7.

tisme que le poète critiquera les rationalistes à
outrance et dira d'eux qu'ils sont incapables de
comprendre « ce que comprend un enfant par cela
même qu'il est un enfant (1) ». Henri Heine est
encore romantique par son culte du génie, par son
enthousiasme pour l'art, par la place qu'il lui assigne dans la hiérarchie des valeurs, par ses premières amitiés, par ses premières admirations
littéraires qui vont à Wilhelm Schlegel, Benecke,
Tick, Novalis, Chamisso, Hoffmann. Rationaliste,
il l'est pourtant de la façon la plus mystique et il
voit « dans la Raison, dans cette révélation nouvelle, commune à tous les hommes, le principe de
la nouvelle religion de l'avenir, la Liberté (2) ».

Sous cet antagonisme de premier plan entre le
romantique et le rationaliste, il est possible de
distinguer maintenant un antagonisme plus pro-
fond entre deux groupes de tendances qui se par-
tagent l'âme du penseur. Or ces deux groupes de
tendances nous apparaîtront dans leur opposition
caractéristique si nous nous remémorons cette division en Hellènes et en Nazaréens (ceux-ci comprenant juifs et chrétiens) que Heine lui-même insti-
tuait entre les hommes et à laquelle l'attitude d'un

(1) Cité par M. Lichtenberger, p. 43.
(2) *Henri Heine penseur*, p. 8.

Nietzsche ou d'un Gœthe, opposée à celle d'un Rousseau ou d'un Michelet, confère une signification si précise et si concrète. Henri Heine porte en lui un Hellène et un Nazaréen. C'est le Nazaréen qui enfante le défenseur et le propagandiste des droits de l'homme selon les rites de la Révolution. C'est le Nazaréen qui, en des termes et avec des images que ne désavouerait pas quelque prédicateur réaliste de la Passion, présage une gloire éternelle au « symbole de ce Dieu souffrant, de ce Dieu crucifié, à la couronne d'épines, dont le sang a coulé comme un baume adoucissant sur les plaies de l'humanité ». C'est l'Hellène au contraire qui se manifeste chez Henri Heine avec ses instincts d'aristocrate, ses tendances d'artiste, son goût de haut civilisé pour la culture et la vie ornée, qui tempère son romantisme d'une admiration pour la sévérité de la forme classique telle que Gœthe aspira à la restituer. C'est aussi l'Hellène, au sens nietzschéen, qui lui fait qualifier Napoléon « le grand classique » et lui inspire ces déclarations : « J'ai horreur de tout ce qui se fait par la multitude, » ou ces boutades : « Si Sa Majesté le peuple souverain, en qui réside tout pouvoir légitime, m'avait serré la main, je la laverais. »

M. Lichtenberger nous fait voir, au cours de toute

la vie de Henri Heine, un très passionnant et curieux effort tenté par le poète en vue de concilier ces deux tendances de sa sensibilité. Un instant, Henri Heine crut avoir trouvé dans la doctrine de Saint-Simon et du Père Enfantin la croyance réclamée par les temps modernes, cette synthèse à laquelle il aspirait de toutes ses forces entre les revendications révolutionnaires, le culte de la Liberté et de la Raison, l'horreur de la tyrannie et des injustices sociales, et, d'autre part, la persistance dans le milieu humain d'un principe aristocratique et d'une culture supérieure. Les Saint-Simoniens s'élevaient contre les abus de l'ancienne société, ils se proposaient de faire cesser l'exploitation de l'homme par l'homme, mais ils condamnaient aussi la superstition égalitaire et s'ils prétendaient supprimer les inégalités anciennes fondées sur la naissance, ils entendaient bien remplacer cette forme ancienne de l'inégalité par une forme nouvelle, celle qu'institue la différence des mérites. Ils décrétaient une hiérarchie de prêtres, de savants, d'industriels ayant pour mission de tirer de l'univers terrestre le rendement le plus élevé par la mise en œuvre des procédés rationnels. Ils dogmatisaient en quelque sorte le culte du génie dont toutes les variétés leur étaient également sacrées et ils instauraient dans un même

Panthéon, Orphée, Moïse, Mahomet, Grégoire VII,
Charlemagne, Luther, Napoléon, Saint-Simon.
Egalement éloignés du matérialisme et du déisme,
ils concluaient philosophiquement à un panthéisme
auquel Henri Heine, juif d'origine et protestant
d'occasion, s'était depuis longtemps rallié. La mort
de Dieu, du Dieu personnel de la Bible, du Dieu
chrétien, du Dieu officiel, lui apparaît, en effet,
ainsi qu'à Nietzsche, un événement d'une importance majeure dans l'orientation de la pensée
humaine. Il est reconnaissant à l'Allemagne de ce
qu'elle a suscité cet événement. « Ici, dit-il, désignant la France, tombe la royauté, clef de voûte
du vieil édifice social ; là-bas, désignant l'Allemagne, le déisme, clef de voûte de l'ancien régime
intellectuel (1). » Kant est à ses yeux dans le
domaine théologique un nouveau Robespierre et il
voit dans sa *Critique de la Raison pure* « le glaive
qui tua en Allemagne le Dieu des déistes ». Les
Saint-Simoniens séduisent encore Henri Heine par
la réhabilitation qu'ils préconisent de la chair et
des sens. Pour eux, comme pour le poète philosophe, il s'agit de réconcilier la matière avec l'esprit,
de rétablir entre ces deux puissances une harmonie

(1) Cité par M. Lichtenberger, p. 122.

que dix-huit siècles de christianisme ont rompue au détriment des sens.

Il le faut constater, pas plus que la tentative Saint-Simonienne n'a réussi à se réaliser, les aspirations de Henri Heine ne sont parvenues à se formuler dans son esprit d'une façon cohérente, à composer, ne fût-ce qu'à ses yeux, un système harmonieux qui, à défaut de conquérir sa place dans le domaine de l'actuel, eût pu du moins contenter les tendances éparses de son désir dans le domaine du possible. Or, c'est là ce qui doit particulièrement attirer notre attention dans cette aventure psychologique. L'insuccès d'une idée, qui se heurte à des difficultés de réalisation extérieure, n'a pas de quoi entamer la foi de celui qu'elle possède ; il arrive, au contraire, que cette résistance exalte le courage du croyant ou du penseur et le maintienne en cet état d'excitation, de tension et de désir qui donne du ton à l'activité et embellit l'existence. Il en est tout autrement d'une idée qui rencontre des éléments de contradiction dans la pensée même qui l'a conçue. Une telle lutte brise l'énergie, en dissocie peu à peu tous les ressorts, est cause de pessimisme et de désespérance. Ce fut le cas de Heine.

On sait quel fut le sort du Saint-Simonisme, on

connaît les divisions qui désunirent les principaux disciples, le schisme de Bazard se séparant du Père Enfantin à propos de la morale nouvelle et de l'émancipation de la femme, le schisme d'Olinde Rodrigues. On sait comment quelques Saint-Simoniens notoires, renonçant à l'apostolat, acceptèrent dans la société qu'ils eussent voulu réformer des situations importantes et lucratives auxquelles leur donnaient droit d'ailleurs leurs talents et leur valeur réelle, comment le Père Enfantin lui-même se maria selon les anciens rites et acheva, dans une prospérité bourgeoise, une existence qui avait paru s'acheminer durant un temps sur les sentiers du martyre. Henri Heine, qui voyait dans ce renoncement fructueux une palinodie, ne ménagea pas ses lazzis à ces émancipateurs des liens conjugaux « devenus les épouseurs les plus intrépides de l'Occident », à ces apôtres qui, ayant « rêvé l'âge d'or pour toute l'humanité, s'étaient contentés de propager le règne de l'argent ». Mais il semble qu'avant cette époque il différât déjà d'opinion avec le Père Enfantin sur les moyens propres à réaliser l'idéal qu'il avait eu en commun avec la secte. Le Père Enfantin, après la dispersion de ses disciples, après son propre emprisonnement, avait jugé qu'il était désormais impossible de faire aboutir sa réforme sociale par le peuple et il caressait l'espoir d'intéresser à sa cause les rois, les grands de la terre, les maîtres du pouvoir. Heine ne partageait pas de telles illusions. Il pensait au contraire que la révolution sociale ne s'accomplirait que par des moyens sanglants, par le soulèvement de l'exaspération populaire, réalisant, sous l'empire du besoin et en vertu d'une nécessité aveugle, les réformes entrevues par les penseurs et les savants.

Ce qu'il nous importe ici de noter, c'est que Heine, par cette interprétation du phénomène, pousse à l'état aigu les antinomies que la diversité de ses instincts suscite dans sa conscience dès qu'il s'agit de dresser un plan de construction rationnelle du monde. La Révolution sociale lui paraît, en fait, inévitable. Il lui semble qu'elle ne s'accomplira qu'aux prix de guerres atroces, entre nations d'abord, puis entre catégories d'hommes sans distinction de patries, les prolétaires, les déshérités de la fortune s'unissant dans une agression commune contre tout ce qui possède. Ce mouvement lui apparaît comme la conséquence fatale des idées démocratiques dont il s'est fait toute sa vie le champion ; il lui apparaît comme une menace pour la civilisation, pour cette haute culture humaine qui donne à ses yeux un sens à l'existence ;

car il entrevoit nettement que les prolétaires victo-
rieux, « en proie à une passion aveugle pour l'égalité, détruiraient tout ce qui est beau et sublime
sur cette terre et exerceraient surtout contre l'art
et les sciences leurs fureurs sacrilèges (1) ».

Henri Heine va-t-il résoudre cette antinomie ?
Va-t-il découvrir dans son cerveau, parmi les ressources de la dialectique, quelque stratagème logique
propre à réaliser une synthèse entre deux points
de vue qui lui sont également chers et qui, poussés
l'un et l'autre à leurs dernières conséquences, tendent à s'exclure. Non, et, par malheur, la maladie
dont les premiers symptômes s'étaient depuis longtemps manifestés dans son organisme, venant, vers
1848, à l'abattre définitivement, le condamnant à
une lente agonie qui durera huit années, des revers
de fortunes ayant encore exaspéré le mal physiologique, il incline vers un pessimisme qui s'exprime
intellectuellement en un effondrement de ses espé-
rances anciennes, en un aveu d'impuissance à résoudre le problème social, humain et philosophique,
qui avait passionné l'ardeur de sa jeunesse.

Accablé par la détresse, Henri Heine abjure les
opinions philosophiques de toute sa vie, il abjure

(1) Cité par M. Lichtenberger, p. 171.

expressément cette doctrine panthéiste qui, mettant
à mort en Allemagne, avec les analyses de Kant et
les proclamations de Hegel, le Dieu personnel et
chrétien, lui était apparue comme l'événement le
plus considérable de l'histoire de l'humanité. Henri
Heine, sous l'influence de quelque hérédité persistant dans sa sensibilité, n'avait jamais consenti
à faire profession d'athéisme. Il avait cru, avec le
panthéisme, trouver un terme de conciliation entre
les religions positives qu'il répudiait et l'instinct
religieux lui-même qui, au sens où il l'entendait,
impliquait, avec la persistance du divin dans l'interprétation de l'univers, le maintien d'un élément
spirituel à opposer aux interprétations purement
matérialistes. Parvenu au terme de l'évolution de
son esprit, sevré, par le mal physique, du pouvoir
de soutenir et d'aimer les pensées de son choix par
delà l'incertitude dont il n'a su les dégager, n'ayant
pas réussi à construire, avec le panthéisme, l'appareil de synthèse qu'il avait convoité, il juge désormais que panthéisme et athéisme sont deux termes
pour désigner une même conception du monde, et
qu'il faut choisir entre le déisme pur et simple et
l'athéisme.

Dans le chapitre où il a traité cette question
et qu'il intitule la conversion de Heine, M. Lich-

tenberger a notifié, avec une entière clarté, la
signification de cet événement psychologique. Il y
voit, bien plus qu'une renaissance de la foi chez le
poète, un fait de pessimisme, la constatation d'une
impuissance, une défaite où la déchéance physiologique joue un rôle prépondérant. Avec un merveilleux pouvoir de dédoublement, où persiste ce
don d'analyse qui déchire son lyrisme d'une si forte
amertume, Heine lui-même a jugé sa propre évolution avec une lucidité qui ne laisse point de place
à d'autres sentences après la sienne. Dans un
entretien avec Alfred Meissner, avouant qu'il s'est
produit en lui un retour vers la religion, « est-ce
la faute, dit-il, à la morphine ou aux cataplasmes?
Je ne sais pas. Mais cela est ainsi. Je crois de
nouveau au Dieu personnel », et pour conclure il
ajoute : « Ecoutez une grande vérité : là où il n'y
a plus de santé, plus d'argent, plus de raison
humaine — là commence le christianisme (1). »
N'est-ce point là une définition du Christianisme
que Nietzsche ratifierait, le Nietzsche de l'Ante-
christ?

L'échec subi dans le domaine spéculatif a sa
répercussion dans le domaine politique et social.

(1) Cité par M. Lichtenberger, p. 196.

Là également la synthèse conciliatrice ne lui paraît
plus possible et il lui semble désormais qu'il faille
choisir entre l'idéal nazaréen, c'est-à-dire chrétien,
révolutionnaire, égalitaire, aboutissant à un nivel-
lement universel et à un abaissement général de la
civilisation, et l'idéal aristocratique, de haute culture et d'art qui implique le règne des élites et le
sacrifice du nombre. En réalité, Heine est incapable de faire ce choix. Les principes démocratiques
qu'il a défendus toute sa vie le contraignent d'op-
ter en faveur de l'idéal démocratique. Dans le même
sens, ses prévisions d'historien et de sociologue
lui montrent comme inévitable le colossal boule-
versement qui mettra le pouvoir politique aux
mains de la multitude. Mais cette éventualité le
glace en réalité d'effroi et s'identifie pour lui avec
la destruction de « toute civilisation humaniste, ce
fruit d'un labeur de trois siècles et le véritable élément de notre vie moderne (1) ». La révolution de
1848 le trouve dans ces dispositions. Il y voit le
prélude du grand désastre qu'il a pronostiqué, le
règne du chaos et de l'anarchie, et il se désinté-
resse d'un événement où il ne reconnaît aucun des
éléments de son rêve. « Ce que le monde poursuit

(1) Cité par M. Lichtenberger, p. 204.

et espère maintenant est devenu complètement
étranger à mon cœur, écrit-il, je m'incline devant
le destin parce que je suis trop faible pour lui tenir
tête... » En politique sociale, comme en philosophie
religieuse, la vie de Henri Heine, son pessimisme
et son désintéressement final nous signifient la
faillite d'un rêve.

II

On a constaté, au début de ces pages, que la personnalité de Heine est, dans une certaine mesure,
représentative de notre état social et de l'âme
trouble de notre époque, que les tendances contradictoires qui déchirent son esprit se rencontrent
précisément chez quelques-uns des meilleurs hommes de notre temps. Faut-il donc conclure, de l'impuissance du poète à joindre les deux fragments
de son désir, à l'impuissance de la société humaine
à se transformer désormais sans renier sa plus
haute culture et le plus précieux de ses acquisitions
anciennes ? Y a-t-il incompatibilité absolue entre
un idéal de culture et l'idéal nouveau, se formulant
en une volonté de bien-être au profit du plus grand
nombre ? On ne le pense pas, et depuis un siècle à

peu près que la société européenne est aux prises avec ce problème, on est plutôt tenté dè croire que ses efforts pour le résoudre n'ont pas été entièrement stériles. Bien des symptômes positifs font supposer que la question ne se pose pas nécessairement entre un retour en arrière ressuscitant les croyances et les hiérarchies anciennes, retour impossible à vrai dire, et l'anéantissement inévitable des mœurs fondées sur ces anciennes croyances. Mais il arrive que ces symptômes demeurent inaperçus parce qu'ils ne sont pas l'œuvre directe d'une volonté sachant ce qu'elle veut, parce qu'ils sont au contraire une résultante complexe née de l'effort en sens contraire des théoriciens du passé et des théoriciens des temps nouveaux. Ici comme ailleurs la réalité naissante n'a pas d'auteur responsable ; elle est issue d'un compromis qui n'a été accordé par personne, mais qui s'est formé de la persistance d'un désaccord et d'un antagonisme.

On voudrait rechercher si en dehors de ces deux attitudes, antagonistes et conscientes, que les hommes adoptent à l'égard des formes du devenir et dont aucune n'engendre jamais la manière d'être qu'elle tend à instaurer, il n'en serait pas une autre, propre à déterminer une façon différente d'envisager le problème et d'en poser les termes, si, par cette attitude nouvelle et sous le jour de cette perspective nouvelle, il ne serait possible de vouloir directement le compromis de fait né du désaccord des théoriciens, si, par ce consentement, par cette volonté directe, il ne serait possible d'exercer quelque action efficace sur cet état de fait, sur cette forme naissante de la réalité.

Pour mettre en valeur cette nouvelle posture, la meilleure méthode à adopter, c'est, semble-t-il, de faire toucher le vice des anciens points de vue, de montrer que l'antagonisme irréconciliable qu'ils nous faisaient voir entre des tendances également humaines est inhérent, non pas à la nature même de ces tendances, mais à la déformation qui leur était imposée, à l'origine dogmatique qui leur était attribuée, à la valeur exclusive et absolue dont on les croyait pourvus. Or, toutes les conceptions que les hommes se sont composées, au cours de l'histoire, touchant la réalité morale et sociale, ont eu pour but non pas de constater quelle était cette réalité, mais de la modifier. Ces conceptions, tandis qu'elles se donnaient toujours pour quelque chose d'absolu, afin d'agir avec plus de force sur les imaginations et de changer la réalité immédiate, n'étaient donc qu'une part, un élément de cette réalité; elles étaient le moyen d'une réalité nouvelle plutôt qu'elles n'exprimaient l'essence d'une réalité véritable. Mais, par le fait même qu'elles tranchaient sur la réalité immédiate, elles étaient beaucoup plus voyantes que cette réalité même et en assumaient le nom. Il y a toujours eu, et il y a toujours à tout moment dans l'humanité, d'une part, une somme de manières d'être, d'instincts, d'états de sensibilité acquis et incorporés, formant une réalité tangible et concrète et, d'autre part, agissant sur cette somme pour la modifier, des dogmes proposant aux hommes des conceptions d'eux-mêmes différentes des manières d'être actuelles, les entraînant vers des réalisations nouvelles. Ces dogmes absolus, après qu'ils ont exercé sur la réalité quelque action modificatrice, se voient combattus eux-mêmes par d'autres dogmes opposés et non moins absolus. Mais les uns et les autres, — qui sont inconciliables entre eux, — n'expriment rien de plus que le mouvement selon lequel la réalité humaine évolue et se transforme insensiblement. Cette réalité, à laquelle ces dogmes tiennent lieu de moyens pour se parfaire, d'ébauchoirs pour fixer et définir ses contours, est entièrement différente de ces dogmes eux-mêmes. Elle est souple, accessible au changement, formée de la fusion de mille éléments divers. Les dogmes sont rigides, immuables, purs de tout alliage .Ils sont le moyen de la réalité ; ils ne sont point la réalité.

On conçoit dès lors comment le pessimisme et l'angoisse dont témoignent quelques penseurs contemporains ont eu leur source en une confusion : ces penseurs ont été dupes d'un mirage ; ils ont vu la substance même de la réalité dans les conceptions dogmatiques où cette réalité prend des points d'appui pour se déplacer. Ils se sont laissé prendre à ce mirage à un moment de l'histoire où l'humanité, en proie à une crise d'évolution majeure, faisait appel, pour détruire une influence trop longtemps dominatrice, à un dogme fantomatique d'une espèce nouvelle, le dogme rationaliste. Ce nouveau dogme adoptait sur certains points le contre-pied du dogme théologique ancien. N'étaient-ils point tous deux pareils cependant par leur prétention de réduire la vie, point d'équilibre entre mille tendances diverses, à une tendance unique dans l'absolu de laquelle toute vie s'abolirait ? Et n'est-ce point en cette prétention qu'apparaît l'élément caractéristique de tout dogme ?

A ne considérer les choses qu'au point de vue social, la conception ancienne de la réalité s'exprime en un dogme autoritaire qui, faisant intervenir

la volonté divine dans les affaires humaines, fonde
des prérogatives personnelles sur des décrets de
cette volonté et règle aussi, d'après cette fiction,
l'ordre entier et immuable de la hiérarchie humaine.
C'est ainsi qu'au sommet de l'échelle sociale le droit
de régner est attribué à quelque famille déterminée,
tandis qu'un droit de suprématie est dévolu à
une certaine classe d'hommes, à une aristocratie
du sang qui, par définition, doit transmettre à ses
descendants, à titre exclusif, des qualités privilé-
giées. Quelque chose est emprunté à la réalité concrète en ce dogme autoritaire, c'est le fait positif
de l'inégalité entre les hommes. A l'époque à
laquelle il s'élabore et dans un milieu où les vertus
guerrières, l'audace, l'intrépidité, l'intelligence avisée et l'esprit de décision sont les qualités les plus
propres à procurer le pouvoir, les hommes qui
possèdent ces qualités et, par elles, l'emportent sur
les autres, proclament eux-mêmes leur excellence
et la font sanctionner par le dieu — dont ils disposent à leur gré. Toute la société féodale issue du
monde barbare, établie sur ce fait d'inégalité, se
développe pendant des siècles en résultats féconds.
Mais quelque chose aussi est caduc en ce dogme,
c'est l'application particulière qui y est faite du principe de l'inégalité. A l'origine, à l'époque où cette

application particulière prévaut, elle correspond à un état de fait, elle a une valeur positive, mais déjà la présomption du dogme apparaît dans le décret qui attribue aux descendants indéfiniment les vertus des pères avec les prérogatives qu'elles emportent. Présomption dans l'interprétation du fait héréditaire dont les lois, actuellement encore, nous sont mal connues, présomption dans le fait d'imaginer que cette transmission héréditaire sera pure de tout alliage, car la passion et l'intérêt ont bientôt fait de déterminer des mélanges de castes, présomption de croire que les circonstances sociales, qui ont donné la prééminence à une certaine espèce d'hommes, demeureront identiques alors que, par l'action même de cette aristocratie de naissance perpétuant l'aristocratie de fait des origines, le milieu social évolue, et que la civilisation, servie quand même par le bienfait d'une hiérarchie durable, acquiert des richesses nouvelles.

Pour inégale en effet qu'elle puisse devenir à son destin et à l'état de supériorité qu'elle revendique, une aristocratie héréditaire n'en est pas moins un bénéfice pour la société qu'elle ordonne. La vertu inhérente à toute chose qui dure et qui exerce, du fait de cette durée, une action constante et de même direction sur un ensemble, cette vertu, essentielle pour tout ce qui touche à la constitution d'une réalité, l'emporte longtemps sur le dommage causé par une fausse attribution de pouvoir. Longtemps une aristocratie fictive peut dominer une aristocratie de fait sans qu'une perte en résulte pour l'état social. Pourtant un moment vient où la disproportion entre le fait et la fiction devient trop forte. Cette disproportion exagérée entraîne alors la ruine des sociétés où elle se perpétue. Dans les autres, elle provoque un changement. Il semble que la Révolution de 1789 n'ait pas d'autre signification et qu'elle doive être considérée, sous ce jour, comme un symptôme de vitalité.

A l'époque où les premiers signes de ce mouvement se manifestent, l'écart est comblé en fait entre la classe aristocratique et ceux du tiers. Au point de vue des qualités nouvelles que requiert l'état social, il semble même que l'ordre des compétences soit interverti. Du moins le milieu aristocratique, tel qu'il est encore constitué, n'est-il point propre à produire, en abondance suffisante, ces compétences nouvelles destinées à faire face aux complexités croissantes de la vie des peuples. Toute la part positive de la Révolution relève de la nécessité de substituer à un ordre d'inégalités, sur quelques points fictives, un ordre d'inégalités réelles. Mais cette tâche vitale se dissimule derrière une conception dogmatique, d'aspect métaphysique et religieux, tout aussi fausse que la conception théocratique de naguère. Le dogme de l'égalité, le dogme de la liberté sont aussi peu applicables à la réalité que ne l'est celui d'une inégalité arbitraire fixée à titre immuable par un décret divin. L'essence de la vie phénoménale est la différence, et la différence fonde l'inégalité. L'essence de la vie, c'est aussi, comme de toute entité impliquant des parties comprises dans un ensemble, un fait de dépendance de ces parties entre elles et par rapport à l'ensemble, et cette dépendance qui, sous certaines conditions, engendre la force, n'est pas plus compatible avec la liberté que le fait de différenciation, caractéristique de la vie, ne s'accorde avec l'égalité.

Il y a donc un antagonisme irréconciliable entre les deux conceptions dogmatiques, l'une théocratique, l'autre révolutionnaire, qui, dans le domaine théorique, se disputent la mission d'ordonner la vie des sociétés. Cet antagonisme explique l'appréciation pessimiste à laquelle ont abouti des hommes qui, comme Henri Heine et d'autres esprits enthousiastes de la même époque, furent dupes du verbalisme des dogmes nouveaux. Or,

cette appréciation perd toute valeur si l'on considère que l'antagonisme sur lequel elle se fonde
n'existe qu'entre de vaines apparences, les dogmes
qui la déterminent n'étant que des moyens de modifier la réalité en la concevant autrement qu'elle
n'est dans sa teneur actuelle, mais n'étant aucunement cette réalité même sur laquelle ils s'efforcent de peser.

Cette réalité, différente des conceptions que les
hommes forment à son sujet, quelle est-elle donc?
Un état de sensibilité qui s'accommode de certaines manières d'être et refuse d'en subir de différentes, — un état de sensibilité actuel et d'ailleurs instable, exigeant un compromis d'une certaine précision, un équilibre relatif entre les diverses tendances de l'être humain, — bien différente par cette
relativité et cette instabilité des dogmes absolus
au moyen desquels elle s'autosuggestionne et précisément se modifie. Entre ces deux dogmes : « Il
existe entre les hommes une hiérarchie d'ordre
divin» et « Tous les hommes sont égaux», — entre
les deux systèmes politiques et sociaux que ces
deux dogmes commandent et qui sont inconciliables, la réalité sociale contemporaine se formule. Et
ce n'est point le principe de l'inégalité entre les
hommes qu'elle rejette, mais seulement certaines

formes désuètes de cette inégalité qui blessent la sensibilité actuelle des hommes : ces formes semblent et sont dites injustes,— mais il n'y a rien de plus sous cette appréciation dogmatique que ce fait tout relatif qu'elle prétend élever à l'absolu, — à savoir que ces formes blessent une sensibilité actuelle.

La Raison n'intervient pas plus de notre temps pour décider du juste et de l'injuste que ne faisait autrefois la divinité pour décider du rang. Le juste et l'injuste sont des mesures dépendantes du fait variable qu'est notre sensibilité, et nous sommes ici entièrement dans le domaine de la relation. Sitôt qu'une inégalité de traitement entre les hommes ne blesse plus notre sensibilité, elle cesse d'être dite injuste et l'élite qui semble bénéficier de cette inégalité s'en accommode aussi bien que le grand nombre qui semble en pâtir. Lorsqu'en 1848 l'esclavage fut supprimé dans les colonies françaises, on ne manqua pas d'invoquer les principes de la Raison. Mais ce n'était là qu'un mot dépourvu de sens, un masque sous lequel se tenait caché un mode de sensibilité développé, au cours de longs siècles, par le christianisme. La sensibilité chrétienne peut s'indigner qu'il y ait des maîtres et des esclaves, mais la raison, s'il faut lui attribuer un sens positif, distinct des conceptions qui s'abritent sous son nom, la raison, si elle est l'art de tirer de l'expérience des conclusions effectives, nous enseigne au contraire qu'il est partout, sous le masque et sous l'atténuation de terminologies différentes, des maîtres et des esclaves, et que partout quelque chose ou quelqu'un commande, quelque chose ou quelqu'un obéit. Elle nous enseigne encore, si son usage consiste à pourvoir les mots abstraits d'un sens défini, que l'idée d'égalité, dès qu'on la pousse à bout, *more geometrico*, ne laisse place à aucune réalité, qu'elle ne trouve sa signification plénière que dans l'idée de l'identique, qu'en dehors de ce sens décisif, elle ne désigne qu'une catégorie spéciale de l'inégalité phénoménale. C'est donc, en réalité, un état concret de sensibilité, soutenu par un cortège d'images qui, sous le décor des mots abstraits, réalisa l'abolition de l'esclavage. Or cette sensibilité, qui supportait mal le fait d'inégalité caractérisé par l'esclavage, s'accommode du fait d'inégalité représenté par le salariat.

Les mêmes considérations auraient même valeur à l'égard de toutes les questions de fait que soulèvent les aspects contemporains du problème social, à l'égard aussi de ce problème des rapports de la culture et du bien-être qui préoccupa si fort Henri

Heine et dont le souci se manifeste également, poussé à l'état aigu, dans les derniers livres de Nietzsche. Ce problème, comme les autres, est insoluble pour les esprits qui, ayant opposé l'un à l'autre deux dogmes inconciliables, s'effraient par la suite de ne pouvoir les assembler et s'étonnent, en fin de compte, de redouter également la réalisation des conséquences absolues réclamées par l'un ou l'autre. Mais un tel problème, la sensibilité relative de l'humanité le résout à tous les instants, apportant, avec son intervention, un élément de décision qui brave la logique et crée la vie.

Il serait intéressant, pour un historien, pour un historien philosophe épris du spectacle de la vie sociale contemporaine, de mettre en lumière les symptômes où s'exprime l'effort de la sensibilité actuelle cherchant son équilibre, travaillant à satisfaire, d'une part, une tendance pitoyable, — et qui a sa valeur égoïste, — d'autre part — à conserver à la société humaine sa plus grande somme de puissance, en même temps qu'à sauvegarder et à développer, comme un plaisir de luxe, le goût des jouissances de l'esprit et le côté esthétique de l'existence. On ne peut ici que signaler deux formes principales où il semble que se manifeste, selon ces directions, le désir commun des sociétés de notre temps. L'une

va à réaliser une diminution des différences entre
les hommes au point de vue du bien-être, à fixer
un minimum de bien-être, et ce désir ne suppose
pas seulement la force accrue du grand nombre,
mais il répond aussi à une exigence de la sensibilité chez l'élite éprouvant comme une impuissance
et comme une humiliation la vue d'une condition
trop misérable supportée par une catégorie qui
joue son rôle et un rôle nécessaire dans le système social. L'autre va à limiter l'effet des inégalités au domaine sur lequel elles existent réellement, à spécialiser en quelque sorte les supériori-
tés, à les consacrer dans la mesure et sur le terrain
où elles sont efficaces. Il y aurait lieu de montrer
encore comment cette double forme du désir, bien
loin de procurer une chimérique égalité, a pour effet
d'organiser avec plus de perfection le fait d'inégalité
essentiel à la vie phénoménale. Mais une tâche aussi
complexe détournerait cette étude du seul objet
qu'elle s'était proposé : montrer dans les dogmes de
la Raison, succédant aux autres, la cause du malentendu théorique qui cache l'accord parfois réel
où se concerte une part de la sensibilité contemporaine.

Un tel malentendu n'est qu'un cas de cette démarche paradoxale et tortueuse propre à l'évolu-

tion de toute activité consciente, un cas de cette loi d'ironie dont on a maintes fois déjà signalé l'action. L'opinion des hommes et la conception qu'ils se font des choses ne se manifeste jamais qu'à la manière dont des tireurs s'efforcent d'atteindre des buts lointains. Ceux-ci par calcul ne visent pas le but qu'ils veulent toucher, mais ils visent au delà. Les hommes de même, mais sans l'avoir prémédité. Ils opposent à un dogme faux un dogme encore plus faux et un paradoxe à un paradoxe. Le premier mensonge semble nécessiter, en guise de réaction, la suite de tous les autres. On peut penser pourtant qu'un moment vient où, les choses ayant été mises au point par la longue opposition à travers les âges de cette double série de mensonges alternés, il serait plus avantageux peut-être de considérer directement la réalité concrète qui a été modelée au cours de cette lutte, de quitter les positions métaphysiques où le conflit commença, pour appliquer à l'objet du débat une vue plus proche et les procédés de l'expérience.

On a noté que cette attitude a été adoptée déjà par quelques esprits clairvoyants. Aussi bien n'est-ce pas dans le domaine politique seulement que l'opportunisme a fait fortune : en sociologie, en matière de mœurs, nombre d'hommes d'intelli-

gence avisée, et sans ériger leur manière de voir
en une méthode théorique, ont accueilli la réalité
opportune et lui ont prêté leur appui. Mais l'attitude contraire, qui persiste encore, ne va point
sans mettre en échec une conception positive qui
serait propre peut-être à ne laisser subsister entre
les hommes que des motifs réels de désaccord et
supprimerait du moins les vains griefs que suscite
la seule passion métaphysique ou religieuse. On ne
saurait donc se lasser de dénoncer cette attitude et
de faire voir que, le dogme théocratique étant
aujourd'hui sans force, elle s'exprime plus spécialement dans le culte abstrait de la Raison. Ce culte
a engendré un véritable état de croyance, une
croyance rationaliste avec des dogmes, dogme de
la liberté, dogme de l'égalité, dogme de la justice,
dogme du droit, formes ressuscitées des idées
platoniciennes, impliquant la certitude de leur
réalisation, selon un pouvoir d'évolution imma-
nent, qui développerait fatalement au cours du
temps les modes de la Raison. On ne saurait trop
distinguer entre les aspirations généreuses et
utiles à la vie qui prêtent de la force à ces apparences idéologiques et le caractère utopique qui
les compromet.

On ne saurait trop le dire également : un tel

appareil métaphysique a pu avoir sa raison d'être comme moyen, comme arme de combat alors qu'il s'agissait de détruire une conception théocratique encore dominatrice et qui, après avoir été, à son heure, le moyen d'un progrès humain, était devenue une cause d'affaissement et de décadence. Contre le fantôme du droit divin, il fut sans doute efficace d'agiter ces fantômes idéologiques; à l'assaut des forteresses féodales il fut sans doute efficace de déchaîner ces forces de lyrisme. Aussi bien la liberté a-t-elle un sens en face d'un joug à secouer et l'égalité peut-elle paraître un instant préférable à des inégalités que rien ne justifie plus, que la force même ne sanctionne plus. Aussi bien le Droit et la Justice peuvent-ils être promus, dans l'ardeur d'une lutte aveugle, au rang d'entités absolues. Mais sitôt les dogmes adverses détruits, ces dogmes de circonstance perdent leur valeur. Ils ne tenaient debout qu'arcboutés contre les théorèmes contraires : ceux-ci renversés, les voici eux-mêmes à terre. Il importe de s'apercevoir alors que la liberté n'a de vertu que pour détruire, qu'elle n'implique en elle-même aucun pouvoir constructeur; ce qui vaut, pour tout ce qui veut vivre, c'est, au contraire, le joug accepté, imposé ou choisi, qui donne une forme à ce qui n'en a point, qui

défilit et fixe des contours, qui hiérarchise et co-
ordonne, soit qu'il s'agisse d'un système nerveux,
soit qu'il s'agisse d'un système social.

Il faut s'apercevoir que le dogme de l'égalité,
dès qu'il ne s'oppose plus avec emphase à un système d'inégalités blessant pour la sensibilité, dan-
gereux pour la sécurité du groupe social, n'est
autre chose qu'une aspiration au néant, le principe
de la vie étant la différence qui emporte l'inégalité.
Il faut s'apercevoir, en dépit des élans mystiques
hérités des anciennes disciplines religieuses, que
la Justice elle-même et le Droit se montrent de
vaines terminologies impuissantes à se réaliser si
une forme vivante, énergique, *injuste* de la sensibilité ne vient à les féconder. Il faut savoir reconnaître qu'il n'y a pas de principes éternels du Droit
et de la Justice, mais qu'il existe des modes de la
sensibilité humaine, les uns durables et généraux
qui servent de base aux règles les plus universelles
du Droit et de la Justice et, au-dessous de ces modes
durables, d'autres modes changeants qui inscri-
vent, au cours des âges et au gré des races, des
arabesques nuancées sur le tissu commun de la
règle, que l'idée de Justice enfin, absolument inconciliable avec l'idée de vie, — parce qu'elle repose
toujours sur la fiction de choses égales entre elles

alors que la vie ne se compose que de choses iné-
gales,— que l'idée de Justice n'exprime rien de plus
que le degré où notre sensibilité cesse de souffrir de
l'injustice naturelle.

Or, si le rationalisme du Droit, de la Justice, de
la Liberté, de l'Egalité constitue un dogme aussi
faux que l'autre, l'ancien dogme théocratique, qui
décrétait une forme immuable du servage et des
inégalités sociales, rien n'est plus attachant, plus
passionnant, plus nécessaire que de déterminer ce
degré où la sensibilité de l'homme contemporain
cesse de souffrir de l'injustice, que de préciser le
point où les inégalités sociales sont pour lui un
bénéfice et lui procurent un avantage au lieu d'une
peine, que de fixer l'ordre d'une nouvelle hiérarchie portant en elle-même sa sanction avec le fait
de son efficacité. Les esprits métaphysiques, qui
s'abritent encore ou du dogme théocratique ou
du dogme rationaliste, sont semblables à des troupes marchant les unes contre les autres et qui, tandis qu'elles iraient se rapprochant, continueraient
de tirer avec la même hausse qui leur avait été
commandée alors qu'elles étaient les unes pour les
autres des buts lointains. Ainsi les arguments des
dogmatiques n'atteignent plus aucune réalité, ils
s'entrecroisent dans le vide et les partis contraires

n'arrivent même plus à s'atteindre. Mais entre ces tireurs hallucinés, il est une réalité toute proche, qui veut être visée à hauteur de l'œil humain. Elle est faite, cette réalité, de la substance de nos désirs et de nos évaluations, de l'effort de nos volontés, et c'est avec elle qu'il est possible de donner un sens saisissable au Droit et à la Justice, ainsi qu'aux compromis où la liberté, dans des limites définies, se combine avec la contrainte.

Tandis que le dogme théocratique et le dogme rationaliste s'excluent et ne permettent à la réalité de se former que par l'échec qu'ils se font mutuellement, tandis que le triomphe absolu de l'un ou de l'autre est une menace pour l'humanité, en sorte qu'il faudrait souhaiter entre eux un état de guerre sans fin, l'état de sensibilité qui s'est formé au cours des âges du choc des deux points de vue théoriques compose une réalité concrète, une manière d'être saisissable où tous les contrastes peuvent se fondre, car son essence est d'être un compromis. A s'attacher à la considération directe de cette réalité et à faire abstraction des dogmes qui n'en ont été que les instruments, les antinomies disparaissent qui jetèrent un Henri Heine au désespoir intellectuel et qui induisent encore quelques esprits contemporains à n'admettre comme possibles que les solutions extrêmes. Entre ces esprits théoriques qui passionnent le débat social aux déclamations sonores des dogmes abstraits, il en existe d'autres qu'il fallait signaler et dont il importait de justifier l'attitude : ce sont ceux-là qui, peu à peu, par leur sagesse, créent la réalité opportune.

Août 1905.

UNE SIGNIFICATION NOUVELLE

DE

L'IDÉE D'ÉVOLUTION

I. Interprétations philosophiques déduites des théories évolutionnistes de Lamarck et de Darwin. Une signification scientifique nouvelle, attribuée au fait de l'évolution, introduit en
philosophie une optique nouvelle : la vie comme phénomène
fixe. La théorie de M. Quinton et les lois de constance. —
II. Loi de constance marine. — III. Loi de constance thermique. — IV. Loi de constance osmotique. — V. Comment le
point de vue scientifique nouveau détruit la sensibilité métaphysique ancienne.

I

La philosophie dut être, dès son origine, une
tentative en vue d'une justification méthodique
d'hypothèses fondées sur un vœu de bonheur. Il
s'agissait de prêter à ces hypothèses une apparence
raisonnable, le désir imposant le thème à développer dont il ne fallait s'écarter. Mais afin d'attribuer à ces constructions du désir une base réelle,
la philosophie eut bientôt recours à l'expérience,
à des faits vérifiables auxquels elle lia sa fortune.
Le fait positif fut ainsi introduit dans la spéculation philosophique : en subordonné tout d'abord,

on l'interprète, on le déforme ; déjà pourtant on s'en recommande, on l'analyse. Qu'une observation plus sévère interdise de le changer, il va changer à son tour la philosophie qui l'avait pris à ses gages. Si l'on remarque que l'esprit scientifique, sitôt venu à maturité, a attribué au fait empirique une importance prépondérante, on comprendra comment la science est devenue l'inspiratrice de la philosophie. Ce rôle est échu surtout à la science biologique, dont l'influence s'est fait sentir particulièrement au cours du dernier siècle : Lamarck et Darwin ont préparé la voie où Spencer s'est engagé. Avec Spencer l'idée d'évolution, qui avait pris naissance dans les sciences naturelles, est devenue l'aimant vers lequel fut attiré tout le grand mouvement des idées philosophiques au xix⁰ siècle.

En quoi consiste cette idée d'évolution ? En une conception selon laquelle tous les êtres doués de vie à un degré quelconque procéderaient les uns des autres, selon laquelle toutes les formes végétales, puis animales, seraient en quelque sorte les laboratoires où la vie, acquérant des complications et des qualités nouvelles, se transformant sans cesse au cours des âges, deviendrait continûment plus riche et plus élevée et tendrait, à travers cette lente ascension parmi les millénaires, vers un état de perfection. Tandis que la science de l'autre siècle découvrait, entre les différentes variétés et les différentes espèces, des liens de filiation et de parenté, l'hypothèse philosophique qui, d'ailleurs, guidait souvent les savants eux-mêmes, devançait les conclusions scientifiques et voyait dans l'espèce humaine le dernier état actuel de cette évolution des êtres vivants. Le phénomène de l'intelligence, apparu soudain dans l'homme avec un développement si supérieur, semblait montrer en lui un aboutissement ; on se persuada que tout l'effort antérieur de la vie n'avait eu pour but que de préparer son avènement. Et il sembla aussi que l'intelligence, avec les idées et les conceptions morales que les philosophes en avaient tirées, dût indiquer le sens futur de l'évolution biologique, que, dans le prolongement de cette modalité nouvelle, dût s'inscrire le but vers lequel se dirigeait tout le mouvement ascensionnel de la vie.

Les philosophies et les religions, dès les premiers âges de la pensée, avaient aménagé l'avenir. Le monde moral, faisant luire dans la conscience humaine le premier rayon de son aube, en illuminait les perspectives. Gros de réalisations futures, il avait déjà réalisé dans l'esprit des hommes les idées du bien, du juste dont le triomphe devait

assurer à une humanité plus parfaite la possession
du Bonheur. La science avec la théorie de l'évolution remplissait tout le cadre des origines ; elle
guidait la vie depuis ses premiers balbutiements
jusqu'à l'homme : elle fournissait les soubassements
de l'édifice de l'Etre dont les philosophes avaient
déjà construit toutes les parties saillantes. Elle
montrait en outre, d'une façon historique et concrète, les procédés de croissance de la vie et fournissait ainsi des indications sur la façon dont se
développerait, dans le futur, le progrès moral de
l'Humanité. On imagina une sélection s'exerçant
dans le monde moral comme elle s'était exercée
dans le monde physique.

Ainsi l'apparition de la théorie de l'évolution
eut ces conséquences philosophiques : le fait de
mouvement, de changement, de transformations
successives, de complexité et de perfection croissante qui s'y révéla, éveilla l'idée d'un but vers
lequel tout ce mouvement tendait. L'idée de finalité, d'origine métaphysique, y puisa une force
nouvelle. De ce que le monde s'avérait en proie
au changement, on conclut qu'il s'efforçait vers
une fixité finale, de ce qu'il évoluait dans le devenir, qu'il aboutissait à l'être.

Et tel fut le fantôme métaphysique dont les contours flottèrent devant les consciences de quelques générations, celui d'un progrès continu tendant vers un but dont les formes se dessinent au regard des imaginations, qui conserve pourtant assez d'indécis et de vaporeux pour passionner, pour réserver quelque surprise au prochain numéro, toutes les transformations de la matière subordonnées à ce but, moyen de ce but, de même toute la suite de l'histoire; chez les plus subtils, ce progrès se perdant à l'infini, ce but jamais atteint et, en quelque sorte intangible, fixant seulement une direction, et dans l'une comme dans l'autre hypothèse, but ou direction imposant un impératif moral, les formes humaines de l'évolution, intelligence, conscience morale étant tenues pour les dernières apparues, pour la conséquence, pour la suite naturelle et nécessaire de l'évolution physiologique.

Tel fut bien, semble-t-il, le décor métaphysique suscité au cours du dernier siècle, par l'interprétation de l'idée d'évolution au gré des théories philosophiques. Mais, plus entièrement qu'elle n'avait fait jusqu'alors, la philosophie, par l'appui qu'elle a demandé à la science, s'en est rendue tributaire. Or, tandis que la métaphysique vise à atteindre des conclusions définitives, la science ne prétend construire qu'une suite de degrés permettant de décou-

vrir un panorama de plus en plus vaste, chaque
cercle d'étendue nouvellement apparu changeant la
forme et la signification du paysage précédent. La
métaphysique, en associant son destin à celui de
la science, risque donc d'être contrainte à changer
son humeur, à accepter une instabilité de points de
vue qui n'entrait pas dans ses desseins.

Un ouvrage récent (1) nous apporte précisément
une théorie qui jette un jour singulièrement neuf
sur le caractère de l'évolution biologique, qui en
impose une définition précise et introduit une
agrafe, une agrafe scientifique, dans la boucle même
où la philosophie morale s'était insinuée. Les travaux scientifiques du siècle dernier ouvraient une
porte à l'hypothèse que la métaphysique s'était
empressée de pousser. Mais la science qui, pour
montrer plus de réserve, ne s'était interdit pourtant par aucun pacte de suspendre ses recherches,
divulgue aujourd'hui une série de faits qui, proposant une explication positive là où elle s'était abs-
tenue jusqu'alors d'en donner, rend toute autre
explication désormais superflue. L'interprétation
métaphysique et morale du phénomène de l'évolution perd ainsi le crédit que pouvait lui valoir le

(1) *L'Eau de mer, milieu organique,* par René Quinton. Masson
et Cⁱᵉ, éditeurs.

fait d'assigner un but à un groupe de tendances
d'ordre intellectuel et moral dont la science avait
constaté la réalité sans en fixer la signification.
Car cette signification, par attribution d'une finalité, la science la dénonce aujourd'hui et elle diffère
entièrement de celle qu'avait imaginée la philosophie.

Sous un titre volontairement restreint à un objet
défini, *l'Eau de mer, milieu organique*, M. Quinton expose une loi, en même temps qu'inattendue,
d'une telle généralité que la biologie se voit par
elle métamorphosée et s'élève, par des moyens
rigoureux, au rang le plus élevé parmi les sciences
qui ont pour objet de satisfaire une passion de
connaître désintéressée.

Il importe à la philosophie d'apprécier la situa-
tion nouvelle que lui créent les dernières constatations enregistrées sur le plan scientifique, aussi est-
il indispensable d'exposer avec quelque détail les
travaux de M. Quinton, et de consigner les résultats consacrés par ses recherches. La méthode
adoptée par l'auteur est d'ailleurs d'une clarté si
parfaite que relater les déductions de son ouvrage
dans l'ordre où il les a dressées, c'est nécessiter,
dans l'esprit du lecteur, les conséquences philosophiques au seuil desquelles M. Quinton ne s'est

arrêté que par un souci presque exagéré de ne pas
s'écarter du terrain scientifique.

L'idée qui se dégagera constamment de l'exposé
de cette théorie, où pour la première fois l'histoire
de la vie est contée d'une façon cohérente, l'idée
qui s'imposera à l'esprit avec une force croissante,
c'est que la vie, au sens purement physiologique
du terme, est à elle-même sa propre explication,
c'est que tous les phénomènes auxquels elle donne
naissance épuisent toute leur signification dans une
interprétation uniquement biologique du monde et
n'abandonnent, faute d'une utilisation positive,
aucun de leurs éléments à la construction du rêve
métaphysique. Sous le jour de la théorie de M. Qun-
ton, le phénomène biologique n'est plus en effet
un commencement présageant un achèvement. Il
est en lui-même une chose entièrement achevée, il
est un fait accompli, le fait par excellence en fonction duquel tous les autres phénomènes s'ordonnent. *La Vie comme phénomène fixe*, telle est la
conception qui se voit d'ici proposée par la science
à la méditation des philosophes.

Le fait même de l'évolution, impliqué dans les
travaux de Lamarck et de Darwin, n'est point
contesté par la thèse nouvelle, mais il reçoit une
signification tout autre. Au lieu que le changement

se produise dans le fait biologique lui-même, qui irait ainsi se transformant et s'amendant sans cesse, il se produit, d'une part, dans l'univers physico-chimique où la vie est plongée, d'autre part, dans la suite diverse des organismes où la vie apparaît, et, ce second changement, qui a reçu communément le nom d'évolution, n'est qu'un moyen employé par la vie pour neutraliser et paralyser en quelque sorte le changement inéluctable qui s'opère dans l'univers physico-chimique, pour maintenir autour d'elle, dans les organismes clos où elle demeure, les circonstances immuables qui conditionnent sa prospérité, son état de haute perfection. « En face des variations de tout ordre que peuvent subir au cours des âges les différents habitats, la vie animale, apparue à l'état de cellule, dans des conditions physiques et chimiques déterminées, tend à maintenir, pour son haut fonctionnement cellulaire, à travers la série zoologique, ces conditions des origines (1). » Telle est la loi générale où M. Quinton a énoncé les conclusions de ses travaux. Il a semblé que, formulée dès le début de cette étude, elle en préciserait le sens et la portée. On va maintenant, à la suite de l'auteur, exposer

_____

(1) *L'Eau de mer, milieu organique*, p. 452.

les différentes faces de cette loi générale de constance qui, en contraste avec les théories du siècle
dernier, dénonce la fixité du phénomène biologique.

II

Le thème immédiat du livre de M. Quinton,
l'Eau de mer, milieu organique, a trait à la loi de
constance marine ; elle s'énonce ainsi : La vie animale, née dans le milieu marin, tend à conserver
à travers la série animale, pour le haut fonctionnement des cellules, le milieu marin originel.

Pour rendre plus claire sa conception, M. Quinton a été amené à diviser l'organisme en quatre
grands départements : *le milieu vital, la matière
vivante, la matière morte* et *la matière sécrétée.*
« *La matière vivante* est l'ensemble de toutes les
cellules douées de vie de l'organisme, à quelque
tissu qu'elles appartiennent (1). » La cellule est
donc la chose concrète qui, au cours de toutes les
considérations qui vont suivre, devra être évoquée
devant nos yeux par ce terme abstrait : la vie.
Le milieu vital est par contre l'ensemble des plas-

______

(1) *L'Eau de mer, milieu organique*, p. 85.

mas du sang, de la lymphe, de la lymphe intersti-
tielle et des cavités séreuses, c'est aussi le plasma
qui imbibe les différents tissus conjonctifs, mu-
queux et autres : milieu purement liquide dans
lequel baignent toutes les cellules, soit directement
comme celles du sang, soit indirectement, par
osmose, comme celles qui entrent dans la composition des divers tissus. *La matière morte* est
sécrétée par la cellule dans un but mécanique. Il
s'agit en effet, dès que l'organisme s'élève et comporte une agglomération de cellules, il s'agit, parmi
le milieu vital purement liquide où baignent ces
cellules, de déterminer des compartiments solides
où elles puissent s'isoler du milieu extérieur, se
grouper ou se séparer les unes des autres dans la
mesure où il est utile pour les échanges vitaux : la
matière morte, os, cartilage, tissu conjonctif, joue ce
rôle important de ciment, d'isolant et de soutien.
Enfin, *la matière sécrétée*, « résultat de l'activité cellulaire en vue des besoins de l'organisme (1),
comprend certains liquides, le lait, la bile, l'urine,
que l'on rencontre à de certains moments dans l'organisme, mais qui sont destinés à en être éliminés.

(1) *L'Eau de mer, milieu organique*, p. 86.

De ces quatre groupes, deux nous intéressent directement, la cellule vivante et le milieu vital, où l'existence de cette cellule est possible. Il s'agit donc de considérer et de suivre la cellule vivante dans ses différents habitats, c'est-à-dire parmi les différents milieux, parmi les diverses formes animales où on la voit successivement se mouvoir, et il devra apparaître, si la thèse de M. Quinton est exacte, que, depuis ses premiers modes d'existence jusqu'aux derniers, qui sont aussi les plus compliqués, cette cellule n'a cessé de vivre dans un milieu identique, qui est le milieu marin, et ce, malgré les circonstances changées qui semblaient rendre de plus en plus difficile la reconstitution artificielle de ce milieu, que les circonstances naturelles avaient cessé d'engendrer.

M. Quinton, réservant la démonstration de l'origine marine, a commencé par établir l'origine aquatique de la cellule. Il a fait remarquer qu'avant de vivre en société dans l'organisme la cellule apparaît tout d'abord à l'état d'individu isolé : les premiers organismes sont uni-cellulaires et on peut dire de la cellule qu'elle forme en quelque sorte l'unité animale. Or la cellule isolée ne peut vivre, c'est un fait d'expérience, que dans l'eau ; le protoplasma exige en effet, pour jouir de ses propriétés vitales, une proportion d'eau égale aux trois quarts environ de son volume et la cellule, en raison de sa petitesse, se verrait, dans tout autre milieu qu'un milieu aquatique, privée de l'eau nécessaire à cette condition d'existence ; cette eau, dans un milieu sec, serait aussitôt volatilisée. D'autre part l'embryogénie montrant que les différents organismes reconnaissent tous pour auteur une cellule unique, l'origine aquatique de tous les organismes animaux serait établie de la sorte par une voie indirecte.

M. Quinton ne s'en est pas tenu à cette démonstration logique et, en une revue technique où il n'est pas possible de le suivre ici, il a examiné tour à tour les différents groupes animaux considérés quant à la nature de leur mode respiratoire. Il suffira d'indiquer que ce dénombrement aboutit à constater que tous ces groupes, ou présentent actuellement encore un mode respiratoire aquatique, c'est-à-dire cellulaire, tégumentaire ou branchial, ou que, munis du mode respiratoire trachéen, seul mode aérien, ils reconnaissent pour ancêtres des formes à respiration aquatique.

Le fait de l'origine aquatique étant acquis, il restait à établir que cette origine aquatique est en outre une origine marine. Cette seconde partie de la démonstration, de nature plus particulière, s'ap-

puie d'une part sur des considérations géologiques,
d'autre part sur la statistique. Les connaissances
géologiques actuelles donnent à penser, en effet,
qu'à l'époque cambrienne, alors qu'une faune déjà
si riche peuplait les mers, l'eau douce ne devait
pas exister sur la planète, faute de continents émer-
gés où elle pût se conserver. « L'eau marine est,
remarque M. Quinton, la seule eau réelle du globe.
D'elle seule, l'eau douce tire son origine ; l'eau
douce n'est que le moment transitoire d'une molé-
cule qui s'est évaporée des mers et qui y re-
tourne (1). » Or, à défaut de continents pour les
recueillir, les eaux de pluie qui, à l'époque cambrienne, s'élevaient de l'océan, retombaient directement dans l'océan où elles reprenaient leur caractère marin. La vie, c'est-à-dire la cellule vivante,
serait donc née dans la mer, à défaut de tout autre
habitat possible lorsqu'elle apparut sur le globe.

Ici encore l'auteur ne s'en est pas tenu à cette
preuve d'ordre général. Il n'en a voulu tirer qu'une
présomption sous le jour de laquelle il a examiné
en détail tous les groupes animaux. Ce nouveau
dénombrement lui a fourni une preuve d'ordre plus
immédiat et qui ne laisse pas que d'être éclatante.

(1) *L'Eau de mer, milieu organique*, p. 51.

Il apparaît en effet que, sur seize groupes aquatiques que présente, selon les divisions scientifiques, le règne animal, six ont un habitat uniquement marin. Parmi les dix autres, dont on rencontre des représentants dans les mers et dans les eaux douces, il reste donc à rechercher, *tout groupe dérivant d'une souche unique*, si cette souche est marine, si elle est d'eau douce. Or, l'étude des différents groupes nous apprend que, d'une façon absolue, toutes les souches animales sont marines. Il y a plus, et le très petit nombre de représentants que chaque groupe possède dans les eaux douces comparé au nombre considérable de types qu'il laisse voir dans les mers établit en outre que « l'évolution de chaque groupe s'est effectuée presque tout entière dans les océans et dans les océans seuls (1) ».

Cette démonstration de l'origine marine de la cellule vivante ne répond qu'à la première partie de la tâche assumée par M. Quinton. Pour établir la loi dont il a posé le principe, il reste à faire voir, et c'est là le point qui nous intéresse particulièrement dans sa théorie, que cette cellule, née dans le milieu marin, a continué, à travers toutes les trans-

(1) *L'Eau de mer, milieu organique*, p. 67.

formations des organismes où on la rencontre, à demeurer dans un milieu marin, à maintenir autour d'elle des conditions d'existence fixes, identiques à celles des origines. La méthode employée par M. Quinton pour fournir cette preuve est celle encore d'un dénombrement concret au cours duquel tous les groupes animaux sont de nouveau passés en revue avec une minutie rigoureuse. Ainsi fait-on voir tout d'abord que, chez quelques animaux inférieurs, le maintien du milieu marin résulte du fait que ces animaux vivent actuellement encore dans la mer et que les cellules qui les composent sont, soit en contact direct avec l'eau de mer, soit en communication avec l'eau de mer par dyalise, et, de deux côtés, à travers la couche unique des cellules du feuillet interne et du feuillet externe. Ces animaux, spongiaires, hydrozoaires, quelques échinodermes, sont ouverts anatomiquement au milieu extérieur.

Il n'en est plus de même des invertébrés marins plus élevés; mais fermés anatomiquement au milieu dans lequel ils baignent, ils lui sont ouverts osmotiquement. Comme l'auteur l'a longuement démontré, l'invertébré marin, plongé dans une eau de mer fortement dessalée, se dessale; plongé dans une eau sursalée, il voit augmenter la teneur en sels de ses plasmas. Sa paroi extérieure est perméable, non seulement à l'eau, mais également aux sels. Cela revient à dire que la cellule vivante, si éloignée qu'elle soit de la périphérie, si enfoncée qu'elle soit au centre de l'organisme chez l'invertébré marin, continue de vivre exactement dans le même milieu que l'unique cellule du protozoaire qui baigne de tous les côtés dans l'eau de mer environnante. Cela revient à dire que, chez l'invertébré marin, le milieu extérieur, où l'animal tout entier est plongé, et le milieu intérieur, où baigne chaque cellule, ne forment qu'un seul et même milieu : ce milieu est de l'eau de mer. Or, sur 15 groupes, 23 embranchements, 61 classes, 208 ordres que forment les métazoaires, les invertébrés marins, comprennent à eux seuls 12 groupes, 18 embranchements, 46 classes et 113 ordres. Il résulte de là que les organismes animaux, jusqu'à concurrence de plus de moitié, reconnaissent, en fait, à l'époque actuelle, pour milieu vital de leurs cellules, le milieu marin lui-même.

Ces constatations n'ont pas jusqu'ici de quoi nous surprendre. Les esprits les moins ouverts aux connaissances scientifiques, s'ils ignorent ce qu'est exactement l'osmose, savent ce qu'est une substance perméable ; ils ne s'étonnent point qu'un corps

plongé dans un milieu liquide soit pénétré par les
éléments qui composent ce liquide. Mais l'étonnement commence lorsque l'on voit ce phénomène de
perméabilité ou d'osmose cesser brusquèment dès
que le milieu où l'animal est plongé cesse d'être
un milieu marin. Il en est ainsi pour l'invertébré
d'eau douce ; l'écrevisse, par exemple, ne commu-
nique plus par osmose avec le milieu extérieur.
Dans le milieu d'eau douce qui l'entoure, elle maintient, pour son milieu intérieur, un milieu marin ;
l'analyse directe en fait foi. D'ailleurs, dans un
milieu qu'on sursale expérimentalement, elle conserve, contrairement à l'invertébré d'eau de mer,
le taux salin qui lui est propre.

Voici un premier cas de réaction contre le milieu
absolument extraordinaire et fait pour étonner les
savants, autant et plus que les profanes, car l'artifice par lequel l'invertébré d'eau douce résiste aux
lois de l'osmose est encore inconnu. Nous savons
au moyen de quels travaux ingénieux les hommes
des Pays-Bas ont réussi à vivre dans un pays situé
au-dessous du niveau de la mer sans être inondés,
nous ignorons par quel procédé l'écrevisse protège
ses tissus intérieurs contre l'invasion de l'eau douce
qui la circonscrit de toutes parts et menace à tout
instant de diluer les sels où baignent ses cellules.

La physiologie a donc inventé des moyens, a découvert des lois que l'intelligence avertie de l'homme n'est parvenue encore ni à inventer, ni à découvrir. Nous sommes ici en présence d'un fait qui tient encore pour nous du miracle et que nos connaissances positives nous commanderaient de rejeter a priori si l'observation positive ne nous l'imposait d'autre part : au lieu d'une substance passive qui s'adapte aux circonstances, au lieu d'une substance qui, pour vivre, se plie à toutes les modifications imposées par le milieu, une volonté tout à coup se révèle, une volonté, comme intelligente, qui, loin d'accepter ces circonstances et de s'y plier, prend contre le milieu hostile des mesures de défense, se barricade, ferme des portes, s'enclot, comme le scaphandrier, dans un appareil dont elle garde toutefois le secret et où elle témoigne à l'égard des forces extérieures d'une parfaite immunité. La loi de fixité formulée par M. Quinton, en contradiction ici avec les théories physiques et chimiques les mieux accréditées, fournit donc, avec cette résistance de l'invertébré d'eau douce aux lois osmotiques, une preuve surabondante de sa réalité et de sa rigueur.

Si d'ailleurs cette réaction de l'invertébré d'eau douce contre l'action du milieu extérieur est particu-

lièrement significative en raison de l'évidente hostilité des circonstances à l'encontre desquelles elle se
produit, le phénomène de maintien dont elle nous
présente un cas extrême et héroïque n'est nullement
un phénomène isolé et excentrique, restreint à la
démonstration paradoxale qu'elle nous en donne.
Au cours de tout le reste de la série animale,
M. Quinton va nous montrer des exemples pareils
témoignant de la même ténacité, du même entête-
ment, du même refus obstinément opposé d'accepter un milieu différent du milieu originel. Tel est
le cas avec l'invertébré aérien. L'escargot, comme
l'écrevisse, maintient autour de ces cellules un
milieu vital marin. Si le phénomène est moins typique qu'il n'est avec l'invertébré d'eau douce, l'animal n'ayant pas ici à s'opposer à l'invasion d'un
liquide d'une composition différente de celle qu'il
lui faut réaliser, il n'en témoigne pas moins d'une
même volonté persistante de la cellule que l'on
voit maintenir autour d'elle le milieu marin originel au prix d'un effort singulier : l'habitat aérien
où elle est plongée ne lui fournissant plus directement, comme l'eau de mer, les éléments tout pré-
parés de ce milieu marin, il lui faut s'inventer et
elle s'invente un organisme disposé de façon à choisir ces éléments parmi d'autres, à les trier, en éli-

minant tous les autres, et à les mettre en réserve.

Le même parti pris se déclare chez le vertébré et la démonstration du fait était pour l'auteur d'une importance décisive. L'embranchement des vertébrés comprend, en effet, tout le reste des individus du règne animal que le dénombrement précédent n'a pas encore touchés. Il renferme les poissons qui, bien que vivant dans un milieu marin, ne communiquent plus avec ce milieu, ni directement, ni par osmose, et il renferme aussi les animaux les plus éloignés de l'origine marine, les mammifères et les oiseaux. Enfin les vertébrés supérieurs sont, selon l'observation de l'auteur, de tout le règne animal les organismes doués de la plus grande puissance vitale, c'est-à-dire ceux chez lesquels les cellules rencontrent évidemment les conditions de vie les plus propices. Le fait que la condition marine fût au nombre de ces conditions propices offrait donc, au point de vue de la théorie, un intérêt de premier ordre, en même temps d'ailleurs que l'éloignement de l'origine marine rendait plus improbable la persistance d'une semblable condition. Autour de ce point capital M. Quinton a donc concentré un système de preuves double et minutieux, il a interrogé directement la physiologie par l'expérimentation ; il a demandé à l'analyse chimique de confirmer des

conclusions que le résultat des expériences instituées commandait déjà.

On ne saurait mieux faire, tant pour éclairer les
développements qui vont suivre que pour donner
un exemple direct de la méthode de M. Quinton,
que de rapporter ici les termes mêmes où il expose
l'esprit de ses expériences :

Si, dit-il, *le milieu vital* du vertébré est un milieu marin, 1° l'eau de mer portée dans un organisme au contact de
toutes les cellules (par la voie intra-veineuse, par exemple, la plus rapide), devra s'y comporter comme un *milieu
vital*, c'est-à-dire n'y déterminer aucun accident d'ordre
toxique ; la quantité d'eau de mer dont un organisme
pourra supporter l'introduction dans ses tissus devra
donc *a priori* être considérable ; 2° on pourra soustraire
à un organisme une partie importante de son milieu vital
et la remplacer par une quantité égale d'eau de mer, sans
que l'organisme expérimenté subisse aucun dommage ;
3° des cellules organiques, extraites de leur *milieu vital*
et portées subitement dans l'eau de mer, devront y continuer leur vie normale (1).

Or, instituées en vue de contrôler de telles prévisions, les diverses expériences accomplies par
l'auteur confirmèrent toutes les exigences de la
théorie : des chiens purent être injectés d'une
quantité d'eau de mer égale au poids total de leur

(1) *L'Eau de mer, milieu organique*, p. 162.

corps, d'autres furent saignés à blanc, une quantité d'eau de mer égale à celle du sang soustrait leur fut injectée, ces animaux vécurent. Enfin des globules blancs dont la susceptibilité est telle qu'ils sont réputés ne vivre dans aucun milieu autre que le milieu organique vécurent plusieurs heures dans l'eau de mer.

La démonstration chimique demandée à l'observation et à l'analyse a eu pareil succès. M. Quinton a pris pour type de la teneur en sels de l'eau de mer les analyses faites sur l'eau des grands océans. Il a comparé les résultats de ces analyses avec ceux fournis par l'analyse des sources qui se minéralisent dans les bancs de sel du trias, dépôts provenant de l'évaporation des mers de cette époque. Il a pu s'assurer ainsi que l'eau des mers anciennes révèle une composition chimique analogue à celle des grands océans modernes. Or, c'est bien une composition minérale semblable, tout au moins très voisine, qu'offre aussi le milieu vital des vertébrés les plus élevés. Même proportion considérable de chlorure de sodium, 84 pour 100 pour le milieu marin, 90 pour 100 pour le milieu organique. Importance à peu près semblable par rapport à l'ensemble d'un second groupe de sels comprenant le soufre, le magnésium, le potassium et le calcium. Enfin un troisième groupe, composé du phosphore, du carbone, du silicium, de l'azote, du fer, du fluor représente dans les deux milieux une proportion d'environ 2 pour 100. Restent dix-sept corps signalés dans l'eau de mer à l'état de traces, dans la proportion infime de 0,0003 pour 100. Cette proportion pourrait tendre à les faire négliger. Mais, ainsi qu'en témoigne mainte expérience de chimie infinitésimale, « en biologie, la dose d'un élément dans une dissolution ne mesure aucunement l'importance du rôle qu'il y joue (1) ». M. Quinton a donc cru nécessaire de rechercher ces dix-sept corps dans le milieu organique où leur présence n'avait pas été jusqu'ici remarquée : il les y a tous trouvés.

Pour situer l'importance de cette similitude entre la composition minérale du milieu marin et celle du milieu organique, il faut savoir d'abord que cette composition n'est point déterminée dans le milieu organique par celle des aliments consommés qui offrent des combinaisons tout à fait différentes. Il faut savoir ensuite que cette composition, loin de se présenter avec fréquence dans la nature, est au contraire absolument spéciale, qu'elle caractérise

(1) *L'Eau de mer, milieu organique*, p. 256.

les seuls milieux organique et marin. On est donc
amené à conclure que ces deux milieux n'en font
qu'un. Muni de cette notion, si l'on considère l'é-
volution des formes animales depuis les organismes
les plus simples, depuis ceux qui ne comportent
qu'une seule cellule, jusqu'aux plus complexes,
celui de l'oiseau, par exemple, si l'on évoque devant
l'imagination toute la multitude des êtres qui ont
peuplé et peuplent encore la terre, on constate avec
étonnement que la vie, figurée à nos yeux par la
cellule vivante où nous la saisissons d'une vue concrète, maintient autour d'elle et à son contact, au
milieu de cette évolution continue des formes et du
décor, sous les aspects les plus divers, parmi les
circonstances les plus dissemblables, un milieu fixe,
qu'elle n'accepte point de se modifier, mais se crée à
tout moment des moyens de conserver, dans les
limites où elle se manifeste, des conditions invariables, exigeant autour d'elle le milieu aquatique
hors duquel elle ne peut vivre et, dans ce milieu,
ses sels accoutumés, la quantité énorme de chlorure
de sodium que l'on a dénoncée, sa ration minime
de soufre, de magnésium, de brome, de carbone, et
minutieusement, à des doses presque incalculables,
17 autres éléments parmi lesquels l'argent, le cui-
vre, l'or, l'arsenic, le zinc, l'aluminium.

Ainsi la loi de constance marine, dont la démonstration fait l'objet du livre de M. Quinton, semble établie avec une abondance de preuves surérogatoire. Il semblerait qu'on la doive accepter d'une façon absolue. Le scrupule du savant ne le veut pas ainsi et il importe d'entendre les restrictions qu'il formule, parce qu'elles vont passionner et, en quelque sorte, humaniser cette épopée de la cellule à travers le labyrinthe des formes vivantes. L'auteur relève en effet quelques cas exceptionnels où la cellule vivante s'accommode d'un milieu qui n'est point le milieu marin. Il en est ainsi chez les protozoaires d'eau douce : ces organismes étant composés d'une seule cellule ne peuvent avoir de milieu intérieur distinct du milieu environnant, et ce milieu environnant est l'eau douce. Il en est de même encore chez quelques invertébrés d'eau douce, hydrozoaires et spongiaires, et chez un mollusque également d'eau douce, l'anodonte. Ces quelques types, bien que formant déjà des organismes composés de plusieurs cellules, n'ont pas inventé comme les autres invertébrés d'eau douce le moyen de résister aux lois osmotiques ; ils ont pour milieu organique l'eau douce même où ils vivent, qui les pénètre de la même façon dont l'eau marine pénètre les invertébrés marins. Mais ces exceptions ont pour corollaire un fait du plus haut intérêt : les animaux qui en témoignent décèlent en même temps un état de vie ralentie par comparaison avec les animaux [similaires qui bénéficient du milieu marin. Partout où ils viennent en concurrence avec ceux-ci, ils s'y montrent en nombre plus restreint, ils cèdent la place à ces organismes mieux doués. Or, cette conséquence, établie d'une façon précise, nous signifie que la volonté préméditée de la cellule, volonté de conserver, pour le milieu où elle baigne, le milieu marin, vise quelque chose de plus haut que la vie : la puissance. Elle nous montre comment le fait vital, bien que primordial, est, sitôt apparu, tributaire du fait de puissance et dans ce phénomène biologique on pourrait voir une illustration concrète où la thèse de Nietzsche, la vie comme volonté de puissance, prendrait une signification profonde et positive.

Avec le souci excessif du savant qui ne se reconnaît pas le droit de passer sous silence une objection de l'expérience, si timide soit-elle, M. Quinton a formulé sa loi de constance marine en faisant place à la protestation de cette minorité tout exceptionnelle que forment les organismes à milieu d'eau douce :

La vie animale, dit-il, apparue à l'état de cellule dans

lès mers, a toujours tendu à maintenir *pour son haut fonctionnement cellulaire*, à travers la série zoologique, les cellules composant chaque organisme dans un milieu marin. Elle n'a pas maintenu ce milieu chez tous les organismes, mais ceux où le maintien n'a pas été effectué ont subi une déchéance vitale (1).

Et mise à part cette minime restriction, il semble bien que l'auteur ait été autorisé à décrire tout organisme animal comme « un simple aquarium marin où continuent à vivre, dans les conditions aquatiques des origines, les cellules qui le constituent (2) ».

III

La loi de constance marine qui vient d'être établie d'une façon si catégorique divulgue un double phénomène : d'une part la fixité, au point de vue, de la composition chimique, du milieu où baigne, depuis les origines, la cellule vivante ; d'autre part la diversité incessante et continue, au cours des âges, des formes anatomiques dans la périphérie desquelles nous la voyons enclose. Entre ces deux phénomènes nous sommes tentés déjà de faire

(1) *L'Eau de mer, milieu organique*, p. 424.
(2) *Ibid.*, p. 425.

intervenir une corrélation, et cette explication par la cause dont la recherche passionne et dont la découverte assouvit seule l'activité mentale, nous serions en droit de l'invoquer si un troisième phénomène nous était donné, celui d'un changement inéluctable dans les conditions et les circonstances les plus générales du monde physico-chimique au sein duquel les deux autres phénomènes nous apparaissent. Mais ce changement, d'ordre général, qui, mettant en péril l'intégrité de quelqu'une des conditions essentielles requises par la vie, expliquerait le changement anatomique, comme une réplique et comme une posture de défense nécessitée par une attaque, les considérations relatives à la loi de constance marine ne nous le font pas encore connaître. Nous constatons seulement que la cellule vivante se montre tour à tour parmi divers habitats, dans l'eau de mer, dans les eaux douces, sur la surface terrestre, qu'elle s'y montre retranchée dans une multitude de formes anatomiques très diverses, que, parmi tous ces habitats, au sein de toutes ces formes, elle présente à l'analyse un milieu chimique identique. Nous pouvons encore concevoir le changement d'habitat comme la cause déterminante du changement des formes anatomiques, mais nous ne connaissons, ni ne pouvons attribuer aucun motif à ce changement d'habitat lui-même. Pourquoi la cellule vivante, née dans les mers, ne demeure-t-elle pas dans les mers, où les conditions chimiques qui procédèrent à sa genèse se trouvent, actuellement encore, réalisées ? Pourquoi la vie aérienne terrestre ? Pourquoi la vie dans les eaux douces ? Quelle circonstance inéluctable a contraint la cellule vivante, soit à déserter son habitat marin, soit à modifier, en demeurant dans les mers, le dispositif de ses formes anatomiques ? La théorie telle qu'elle fut jusqu'ici développée ne nous l'apprend pas.

Or, ce phénomène général de changement qui motiverait, en vue d'un maintien, ainsi qu'une réplique et une posture de défense, le changement des organismes à travers les âges, M. Quinton l'avait rencontré à l'occasion d'observations d'un autre ordre dont, avant la publication de son volume, il a, dans une suite de communications à la Société de biologie et à l'Académie des sciences, formulé les conséquences. Ce phénomène d'ordre général, et dont la réalité est établie par les données astronomiques ou géologiques, aussi bien que par les documents paléontologiques, c'est le refroidissement progressif du globe auquel s'oppose, chez les animaux supérieurs, un pouvoir plus ou moins intense d'élever leur température intérieure au-dessus de celle du milieu extérieur. C'est du rapprochement de ces deux faits, refroidissement progressif du globe, maintien chez les organismes supérieurs d'une température élevée, qu'est sortie l'hypothèse théorique de la vie conçue comme un phénomène fixe, de l'évolution organique tenue pour la réaction propre de la vie en vue de maintenir, à l'encontre des changements cosmiques, les conditions de sa fixité. C'est cette vue théorique qui, confirmée par l'observation scientifique, en ce qui a trait au maintien thermique, est devenue l'idée directrice à la lueur de laquelle ont été instituées toutes les recherches relatives au fait de la constance marine et dont l'ampleur a permis de circonscrire l'un des plus vastes ensembles qui soient de phénomènes empiriques.

La loi de constance marine dont on vient de montrer les fondements n'apparaît donc plus que comme un fragment d'une loi de constance générale dont un autre fragment, précédemment découvert, avait précisé, au regard du savant, la signification majeure. La corrélation que nous n'osions établir, à l'occasion de la loi de constance marine, entre le phénomène de fixité chimique du milieu vital et le fait de l'évolution des formes anatomiques, les cir-

constances qui ont amené M. Quinton à formuler
la loi de constance thermique nous l'imposent.
Nous ne distinguions pas, à l'occasion du fait de
la constance marine, sous la pression de quelle
menace c'était une nécessité pour la vie de modifier les organismes où nous la rencontrons et nous
constations seulement que le milieu vital demeurait
immuable, tandis que les organismes se modifiaient
incessamment. Avec la loi de constance thermique
se formulant à l'encontre du refroidissement du
globe, le phénomène de l'évolution organique apparaît comme une nécessité rigoureusement déterminée par l'antagonisme de deux phénomènes inflexi-
bles. La vie, prise ainsi qu'en un étau, entre la
fatalité inéluctable d'un changement d'ordre cosmique et la nécessité inhérente à sa nature de maintenir autour d'elle un milieu inaltéré, invente toute
la série des formes animales où nous la voyons tour
à tour instituer les appareils propres à ressusci-
ter en chambre close les circonstances que ne lui
fournit plus le milieu extérieur, où nous la voyons
demeurer immuablement semblable à elle-même.
C'est en tenant compte de ce lien de cause à effet,
qui éclaire d'un jour si lumineux le phénomène jusque-là obscur de l'évolution, que M. Quinton a formulé en ces termes la loi de constance thermique :

En face du refroidissement du globe, la vie, apparue à l'état de cellule, par une température déterminée, tend à maintenir, pour son haut fonctionnement cellulaire, chez des organismes indéfiniment suscités à cet effet, la température des origines (1).

La démonstration de la loi de constance thermique, grosse, en ce qui a trait à l'évolution, des conséquences que l'on vient de noter, offre donc pour l'intelligence spéculative l'intérêt le plus poignant. Or, cette démonstration repose sur des faits non moins probants que la loi de constance marine.

Etant donné le refroidissement progressif du globe, il est tout d'abord acquis que la cellule vivante apparut dans le milieu marin à une époque où la température était sensiblement plus élevée qu'elle n'est actuellement. Si, d'autre part, on considère que la cellule animale ne tolère pas une température supérieure à 44 ou 45 degrés et qu'au delà la désorganisation cellulaire se manifeste, on peut fixer à ce chiffre de 45 degrés l'apparition sur la terre de la cellule vivante. Il semble en effet que la vie dût naître dès qu'elle fut possible, mais il y a plus que cette présomption en faveur d'une détermination aussi précise, et l'expérience démon-

(1) *L'Eau de mer, milieu organique,* p. 436.

tre que cette température de 45°, au delà de laquelle
la vie n'est pas possible, est en même temps pour
la vie une température optima. Si l'on abaisse la
température d'une cellule d'oiseau qui avoisine
comme on sait 44 ou 45 degrés, on assiste aussitôt à un ralentissement de la vie chez l'animal
expérimenté. On voit au contraire la vie s'accen-
tuer chez le poisson, si l'on élève la température du
milieu où baignent ses cellules. « Il en résulte, conclut M. Quinton, que si, d'une part, la vie cellulaire animale dut attendre, avant de se manifester
sur le globe, que la température des mers fût tom-
bée à 44 ou 45°, d'autre part, *elle dut y apparaître à ce moment même, cette température étant la
plus favorable à sa manifestation* (1). »

La géologie, si imprécise qu'elle soit, paraît confirmer cette déduction physiologique : la température de 44 ou 45° assignée aux mers précambriennes
où la vie dut apparaître à l'état de cellule, est
l'évaluation la plus conforme aux probabilités.

La température précise qui accompagne l'apparition de la vie sur le globe étant ainsi déterminée,
la loi de constance thermique va commander les
conséquences suivantes : au refroidissement pro-

____

(1) *L'Eau de mer, milieu organique*, p. 431.

gressif du globe devra correspondre l'apparition
d'espèces douées du pouvoir d'élever leur température intérieure au-dessus de celle du milieu extérieur ; ce pouvoir physiologique de fabriquer de la
chaleur devra être d'autant plus intense que l'espèce sera plus récente, enfin il devra réaliser, chez
les espèces qui en seront pourvues, les conditions
les plus favorables à la vie cellulaire et sa plus
haute intensité.

Or, un fait remarquable doit tout d'abord être
constaté. Considère-t-on les périodes voisines de
l'apparition de la vie sur le globe, alors que le
milieu extérieur offre à la cellule les circonstances
thermiques les plus favorables, on remarque que les
animaux contemporains de ces périodes montrent
tous un caractère commun : ils ne possèdent pas
encore le pouvoir d'élever la température de leurs
tissus au-dessus de celle du milieu ambiant. La vie
pourtant, sous la pression d'une menace autre que
le refroidissement et dont une nouvelle loi de constance nous divulguera peut-être le secret, la vie
déjà a évolué et s'est diversifiée à l'infini. Dès
l'époque cambrienne, on la voit passer de l'état de
cellule isolée au stade organique, c'est-à-dire que
les cellules s'y rencontrent à l'état d'associations,
différenciées entre elles et strictement coordonnées

dans les divers organismes des divers animaux : la faune fossile de cette époque, la première du monde, est déjà d'une richesse inouïe. Dès l'époque suivante, l'époque silurienne, l'exode animal des mers vers les continents se montre accompli et dès le primaire, les océans et les terres sont peuplés de tous les types que nous connaissons actuellement, deux classes exceptées, celle des mammifères et celle des oiseaux.

Aucune de ces espèces, on le répète, ne possède un pouvoir calorifique propre, et pour cause, l'atmosphère environnante offrant à la vie cellulaire les conditions thermiques optima. Mais cette époque passée, qui fut, sous le rapport thermique du moins, l'Eden de la biologie, l'époque où la cellule, pour jouir de toutes ses facultés, n'avait qu'à se laisser vivre, le refroidissement progressif du globe s'accentuant désormais, nous assistons à un spectacle nouveau qui nous apporte une confirmation singulièrement éclatante de la loi de constance thermique. L'observation physiologique directe, l'anatomie et la paléontologie nous montrent que, d'une part, la plupart des formes animales jusqu'alors apparues demeurent impuissantes à élever la température de leurs corps au-dessus de celle du milieu ambiant, que, d'autre part, en même temps

que la température s'abaisse continuellement, la
cellule voit son activité diminuer en sorte que l'animal « passe, d'époque à époque, à un état de vie
de plus en plus ralentie (1) ». Un seul groupe,
celui des vertébrés, déjà représenté à cette époque
primaire, fait exception, non pas dans sa totalité,
mais en ce qu'il engendre deux classes, celle des
mammifères et celle des oiseaux, celles-là même
qui faisaient défaut aux époques précédentes et qui
acquièrent ce pouvoir remarquable de fabriquer de
la chaleur dans l'intérieur de leur organisme : avec
le mammifère et l'oiseau commence, à l'égard du
milieu thermique, le cycle héroïque de la cellule.

Grâce au pouvoir qu'ils ont acquis, ces types
conservent, parmi la déchéance des autres classes,
leur activité maxima. Ils vont être, par quelques-
uns de leurs délégués, et au cours de l'évolution
des formes animales, les représentants supérieurs
de la biologie, — tour à tour, et au prix d'une suite
d'efforts continus, car la température du globe ne
cesse de s'abaisser et, avec chaque variation, le
phénomène se reproduit que l'on a vu se manifester lors du premier changement défavorable. —

La température terrestre tombant de 44 à 43°,

(1) *L'Eau de mer, milieu organique,* p. 533.

les premiers mammifères apparaissent, capables
d'élever leur température de un degré au-dessus
de celle du milieu ambiant, tandis que les autres
formes s'équilibrent au milieu aux dépens de leur
énergie biologique. La température s'abaissant
d'un nouveau degré, tombant de 43 à 42°, une partie des mammifères qui avaient acquis le pouvoir
d'élever leur température de 1 degré conservent ce
pouvoir tel quel : par une température de 42 degrés ils réalisent, pour milieu intérieur de leurs
cellules, une température de 43, inférieure de
1 degré à la température qui fit naître la vie. Mais
de ces premiers mammifères sort un nouvel organisme capable d'élever de deux degrés au lieu d'un
la température de son milieu intérieur. Il maintient
donc les cellules qui le composent dans les conditions optima et détrône au sommet de l'échelle biologique le précédent organisme mammifère qui
avait réalisé antérieurement, par une invention
analogue, sa suprématie au-dessus de toutes les
autres espèces.

Avec chaque degré décroissant de l'échelle ther-
mométrique du globe, que l'on imagine le même
phénomène de différenciation se reproduisant, soit
d'une part des espèces demeurant incapables d'augmenter leur pouvoir de chauffe au delà de ce qu'il

était précédemment, soit, d'autre part, d'autres espèces capables de surélever ce pouvoir de façon à compenser exactement, au profit de la cellule enclose dans l'organisme, l'abaissement thermique survenu dans le milieu extérieur, que l'on imagine ce phénomène se renouvelant depuis les premières périodes biologiques jusqu'aux époques les plus récentes, on obtiendra, théoriquement, une série d'espèces animales dont la température constante, différente de celle du milieu extérieur, s'échelonnera en sens inverse de l'ordre chronologique de leur apparition, c'est-à-dire que les animaux le plus récemment apparus devront posséder la température intérieure la plus élevée tandis que les plus anciens posséderont la température la plus basse. Or les notions que nous donnent de l'ordre d'apparition des êtres vivants la paléontologie, l'anatomie et l'embryologie, notions positives et sûres dans leurs grandes lignes, ces notions concordent avec celles que commande, selon la théorie de M. Quinton, le relevé des températures spécifiques. Pour ne citer qu'un nombre restreint d'exemples, on mentionnera quelques espèces seulement, classées d'après l'ordre d'ancienneté que fixent à leur apparition les données scientifiques antérieures. Citant d'abord les plus anciennes, et inscrivant

en regard de chacune le degré de sa température,
on obtient l'échelle thermique ascendante que voici :

```
Ornithorinque..   (Classe des monothrèmes).        25°
Aï............    (      —      édentés)'.....      31°
Sarigue.......    (      —      marsupiaux) ..      33°
Hippopotame...    (      —-    mammifères)..        35° 3
Eléphant.......         —        —        ..        35° 9
Homme .......    (      —      primates).....       37° 2
Mammifères carnivores et ruminants.......          39° à 41°
Oiseaux carinates........ ...............          40° à 44°
```

Il faut noter que, si la place assignée dans ce
tableau à l'homme choque la croyance répandue,
même parmi les savants, selon laquelle l'homme
serait le dernier apparu des êtres vivants, elle n'est
nullement en contradiction avec les documents
positifs de la science. Sitôt que, abstraction faite
du préjugé ancien, qui tranchait la question avant
tout examen, on consulte ces documents, il faut
reconnaître que tous les caractères spécifiques
propres à l'homme, anatomiques, embryogéniques,
physiologiques, géographiques, concluent à fixer
son apparition à une date relativement fort reculée.
La légende ancienne, qui tenait la formation de
l'être humain pour le dernier acte de la création,
la croyance nouvelle qui, animée d'un désir analogue, aimait à considérer l'homme comme le but

vers lequel s'acheminaient toutes les formes de l'évolution, cette légende et cette croyance faisaient seules que l'évidence scientifique n'était acceptée qu'avec des restrictions et sous bénéfice d'inventaire, comme si quelque nouvelle démarche de la science dût quelque jour remettre les choses en place, au point du vieux désir. La théorie de M. Quinton se trouve en réalité confirmée par toutes les données positives de la science antérieure. Heurtant seulement quelques tendances philosophiques, elle remplit si exactement les lacunes qui demeuraient dans le classement chronologique des espèces qu'elle en devient la pierre de touche, apportant une précision presque mathématique dans cette histoire, qui semblait si obscure, des origines de la vie. La loi de constance thermique est en effet une grille qui permet de lire et de fixer la date de l'apparition d'une espèce d'une façon tout à fait précise, quant à la relation du moins qui existe entre les différentes espèces dans l'ordre de leur succession. Chaque animal porte ainsi avec son degré thermique son extrait de naissance, celui du moins de l'espèce à laquelle il appartient.

IV

On a montré précédemment avec quelle rigueur M. Quinton a établi la nécessité pour la cellule vivante de maintenir autour d'elle, en vue de sa prospérité, des conditions de température et de composition chimique analogues à celles qui présidèrent à sa genèse.

Fort de cette double constatation, fort des deux lois de constance, marine et thermique, qu'il en avait déduites, M. Quinton s'est demandé s'il ne pourrait, à leur lumière, vérifier d'autres faits qui maintenant lui paraissaient probables. Frappé principalement de la résistance opposée par la vie au changement, il en était venu à penser que la cellule vivante avait dû maintenir, en vue de son haut fonctionnement, des conditions originelles autres encore que ces conditions de composition minérale et de température qui lui étaient les premières apparues. Or, tandis qu'il étudiait la loi de constance marine, il avait observé que si chaque organisme maintient, comme milieu vital de ses cellules, un milieu marin, il ne maintient pas ce milieu au degré de concentration saline que les mers présentent aujourd'hui. Les océans actuels sont en effet concentrés à 32 grammes de sels par litre, les organismes les plus élevés de la série animale, mammifères, oiseaux, sont concentrés à 7 ou 8 grammes par litre.

Pourquoi cette anomalie? Pourquoi, chez ces organismes supérieurs, ce maintien obstiné du milieu marin originel? Pourquoi, au contraire, cette défaillance en ce qui touche au maintien du degré de concentration originelle? Ce maintien du degré de concentration n'a trait, notons-le bien, qu'à des circonstances physiques, tandis que le maintien marin n'a trait, comme on sait, qu'à la composition chimique du milieu. Or, que d'une même quantité d'un liquide neutre, que d'un litre d'eau pure, on retire, ici 7 grammes, ici 33 grammes de sels divers, il n'en demeure pas moins possible que la proportion de ces différents sels *entre eux* soit toujours, dans les deux cas, identique et c'est cette identité chimique entre le milieu marin et le milieu vital qui avait fait l'objet de la loi de constance marine. Cette loi ne recevait donc aucune atteinte du fait d'une différence de concentration des sels marins dans l'un et l'autre milieu. Il n'en était pas de même de l'idée directrice qui déjà aimantait l'esprit du savant vers la conception

d'une loi de constance générale : il pouvait sembler
que cette conception fût mise en échec si les mêmes organismes, qui témoignaient de la plus haute
aptitude à maintenir quelques-unes des conditions
originelles, se montraient impuissants à en maintenir quelques autres.

Ces organismes supérieurs marquaient-ils donc
vraiment cette défaillance? Oui, s'il était vrai que
les mers, actuellement concentrées à 33 gr. pour
1000, eussent présenté invariablement, et dès les
origines, selon l'opinion accréditée, ce même degré
de concentration. Non, s'il était possible que les
mers eussent présenté naguère un degré de concentration moins élevé. A la notion d'invariabilité universellement admise et bénéficiant de ce pouvoir
d'intimidation dont se prévalent les vérités intangi-
bles parce qu'indiscutées, M. Quinton, faisant preuve
d'une rare hardiesse intellectuelle, n'a pas craint
d'opposer celle qui laissait place à sa propre théorie dont il avait éprouvé déjà l'excellence. Tenant,
par hypothèse, celle-ci pour vraie dans sa totalité,
il en a tiré les conséquences les plus extrêmes, et,
les opposant à celles que la notion contraire impliquait, il a soumis les unes et les autres au contrôle
des réalités vérifiables.

Du fait que les organismes supérieurs accusent

une concentration marine intérieure de 7 à 8 gr. p. 1000 et non de 33 gr. pour 1000, comme les mers actuelles, il a donc conclu que la concentration saline des mers originelles, à l'époque où la vie y apparut, était de 7 ou 8 gr. p. 1000. et non de 33. Ce degré de concentration de 7 à 8 gr. p. 1000 est celui de l'oiseau. L'oiseau, de même qu'il dénonce la température originelle, devait de même dénoncer également la concentration originelle. Comme conséquences immédiates il fallait admettre que les mers se fussent concentrées progressivement au cours des âges, de la même façon dont la température s'était progressivement abaissée.

Comment démontrer une semblable hypothèse ? Les mers précambriennes sont à jamais disparues. Quel témoin nous attestera le taux de leur concentration ? Le détour par lequel M. Quinton a réussi à susciter ce témoin, l'exposé rigoureux par lequel, expliquant et reconstituant, à la lumière de son témoignage, un fragment considérable de l'histoire de la vie, il a rendu ce témoignage irrécusable, ce sont là les éléments d'un spectacle où le mécanisme cérébral humain, aux prises avec un problème qui [semblait insoluble, nous montre l'extrême pouvoir de l'héroïsme logique secondé par les démarches les plus ingénieuses de la recherche et de la vérification expérimentales.

Mettant à contribution tous les documents positifs de la paléontologie, épuisant toutes les ressources de la déduction logique, instituant des rapprochements imprévus et décisifs, M. Quinton, au sein même de l'hypothèse qu'il avait formée, a su conférer à l'un des éléments de cette hypothèse la dureté du fait expérimental. Par des moyens indirects, en dehors de toute pétition de principe, en dehors de toute conclusion par analogie, et par un recours constant à des notions scientifiques indubitables, il a réussi à établir que le vertébré qui, au point de vue thermique aussi bien qu'au point de vue chimique, témoigne d'un pouvoir de résistance au milieu presque absolu, décèle au point de vue de la concentration osmotique un pouvoir analogue. Maintien, chez les poissons d'eau douce, dans un milieu d'une concentration saline presque nulle, d'un degré de concentration saline de leur milieu vital voisin de celui des poissons marins dont ils descendent, — maintien paradoxal et de même sens, chez les reptiles et les mammifères adaptés à la vie marine et plongés dans un milieu hautement concentré, du degré de concentration peu élevé des espèces dont ils descendent, ce sont là, parmi d'autres, deux faits éclatants, fondés sur l'observation empirique, qui établissent ce caractère fondamental du vertébré, ce pouvoir de maintenir invariable, à l'encontre de toutes les circonstances qui pourraient tendre à le modifier, le degré de concentration saline ancestral de son milieu vital.

Avec cette propriété du vertébré, M. Quinton était donc en possession d'un fait positif avec lequel toute théorie devait se mettre d'accord, sous peine de se voir condamnée, et qui allait lui permettre d'éprouver les deux conceptions antagonistes touchant le degré de concentration des mers originelles. Or, l'opinion régnante, selon laquelle ce degré de concentration serait demeuré invariable, — la concentration actuelle de 33 gr. pour 1000 accusant celle des origines, — cette opinion, qui ne tirait, à vrai dire, sa force que du consentement universel, se voyait aussitôt récusée : si la mer avait été de tout temps concentrée à 33 gr. pour 1000, ce degré de concentration eût été celui des origines de la vie ; c'est ce degré de concentration que le vertébré eût maintenu. Or, le milieu vital du vertébré est, on le sait, concentré à 8 gr. pour 1000. L'opinion, selon laquelle le degré de concentration des mers n'aurait pas varié depuis les origines, se voyant condamnée par son désaccord avec le fait d'expérience, M. Quinton devait soumettre à la même épreuve sa propre hypothèse et vérifier si l'accord dont elle témoignait avec le fait d'expérience, à l'égard du degré de concentration du vertébré, s'étendrait à la totalité des autres circonstances biologiques. Il n'y a point manqué.

A supposer exacte, a-t-il formulé, la première partie de mon hypothèse, à supposer que les mers originelles aient été concentrées à 8 gr. pour 1000 environ et que leur concentration actuelle de 33 gr. pour 1000 provienne d'une concentration croissante survenue au cours des âges, à supposer exacte également la seconde partie de mon hypothèse à savoir que la vie animale a toujours tendu, en face de la concentration croissante des mers, à maintenir, chez les organismes supérieurs, la concentration originelle, comme nous l'avons vue, en face du refroidissement du globe, tendre à maintenir la température originelle, quelles conséquences ces deux hypothèses entraînent-elles fatalement ? La réponse est catégorique : nous devons trouver dans les mers aujourd'hui concentrées à 33 gr. pour 1000 des organismes présentant des degrés de concentration fort inégaux : 1° les uns, les plus inférieurs, concentrés à 33 gr. pour 1000, c'est-à-dire en équilibre osmotique avec le milieu, comme nous avons trouvé sur les terres les organismes inférieurs en équilibre thermique avec le milieu ; 2° les autres, les plus élevés, en déséquilibre formel avec la concentration marine, comme nous avons trouvé sur les terres les organismes les plus élevés (mammifères, oiseaux) en déséquilibre avec la température de l'air. Ce n'est pas tout, mais parmi ces organismes en déséquilibre osmotique avec l'eau de mer, nous devons constater un échelonnement pareil à l'échelonnement thermique : les moins élevés de ces organismes ne doivent présenter encore qu'un déséquilibre réduit ; les plus récents et les plus élevés doivent montrer au contraire le déséquilibre le plus grand et en outre nous pouvons prévoir leur concentration. Cette concentration inconnue des organismes marins les plus élevés doit être, si notre hypothèse est juste, de 8 grammes environ.

On voit les conséquences absolument précises et singulièrement minutieuses que nécessitait la théorie, en vue de son exactitude.

Or M. Quinton, expérimentant à la suite de ces déductions *a priori*, vit la nature se ranger, sur le plan de son hypothèse, selon l'ordre rigoureux que celle-ci lui assignait. A la base des organismes marins, tous les invertébrés, c'est-à-dire les habitants les plus inférieurs des mers, se montrèrent

tous concentrés intérieurement à 33 grammes, soit
en équilibre osmotique avec le milieu extérieur.
Au sommet, tous les vertébrés, c'est-à-dire les organismes marins les plus élevés, apparurent tous
en déséquilibre formel avec leur milieu, et parmi
ces vertébrés, — les plus anciens et les moins
élevés (poissons cartilagineux) accusèrent un degré
de concentration de 22 grammes à 16 grammes,
marquant donc un écart osmotique encore réduit,
tandis que les plus récents et les plus élevés
(poissons osseux) accusaient un degré de concentration de 11 grammes à 9 grammes, marquant un
écart osmotique majeur et témoignant d'un degré
de concentration tout à fait proche de celui de
8 grammes exigé par la théorie.

A la suite d'une confirmation aussi éclatante de
l'hypothèse par le fait, M. Quinton devait donc
ajouter aux lois précédentes de constance, *chimique* et *thermique*, une loi nouvelle de constance
osmotique. Il l'a formulée en ces termes : « La vie
animale apparue à l'état de cellule dans des eaux
d'une concentration saline déterminée a tendu à
maintenir, pour son haut fonctionnement cellulaire, à travers la série zoologique, cette concentration des origines (1). »

(1) *L'Eau de mer, milieu organique*, p. 452.

§

A côté de cette loi de constance osmotique parallèle aux lois de constance thermique et chimique, M. Quinton a signalé, comme probable seulement, l'existence d'une loi de constance lumineuse. L'importance de la lumière pour la manifestation des phénomènes vitaux a été en effet reconnue depuis longtemps par la science. Elle était même jugée telle que la profondeur des mers au delà de 480 mètres était réputée inhabitée parce qu'aucun rayon lumineux n'y peut plus parvenir. Pourtant les dragages pratiqués par delà ces profondeurs y ont révélé récemment l'existence d'une faune prodigieusement riche et diverse. Or cette découverte, qui semblait infirmer l'hypothèse précédente, la fortifie ; cette faune, privée de la lumière du soleil, se fabrique elle-même la lumière qui lui est nécessaire : elle est phosphorescente. La cellule vivante se comporterait donc à l'égard de la lumière de la même façon dont on l'a vue se comporter, avec le vertébré supérieur, à l'égard de la température et des circonstances chimique et osmotique du milieu, s'inventant ici des appareils d'éclairage comme on l'avait vue s'inventer des appareils de chauffage, des scaphandres et des filtres.

Réunissant ces diverses lois en un seul énoncé,
M. Quinton a formulé comme conclusions de son
ouvrage la loi de constance générale dont on a
déjà rapporté et dont on répète ici les termes :
« En face des variations de tout ordre que peuvent
subir au cours des âges les différents habitats, la
vie animale, apparue à l'état de cellule, dans des
conditions physiques et chimiques déterminées,
tend à maintenir, pour son haut fonctionnement
cellulaire, à travers la série zoologique, ces conditions des origines (1). »

V

L'exposition que l'on vient de faire, si sommaire
soit-elle, d'une thèse aussi considérable, permet
pourtant d'apprécier quel changement radical de
signification elle apporte à l'idée d'évolution.

Au point de vue scientifique, il avait semblé que,
sous l'empire de circonstances changeantes, la vie
se modifiât incessamment ; il avait semblé qu'elle
s'adaptât sans relâche à ces circonstances modifiées.
Or la théorie si cohérente et si forte de M. Quin-

(1) *L'Eau de mer, milieu organique*, p. 451.

ton nous montre une aventure absolument inverse :
la vie, la cellule vivante, loin qu'elle se modifie
aucunement, demeure invariablement semblable à
elle-même. Pour demeurer telle et pour conserver
la plénitude de son activité, elle requiert des
conditions précises autour d'elle. Plongée dans un
tourbillon de forces physico-chimiques qui déterminent un perpétuel changement dans l'univers,
il lui faut donc se construire des appareils où elle
puisse s'isoler du milieu extérieur, afin d'y reproduire et d'y conserver toutes les conditions et toutes
les circonstances qui lui sont favorables. C'est de
la sorte qu'au changement continu du milieu extérieur qu'elle ne peut empêcher et qui la domine,
elle répond par un changement des appareils organiques où elle s'enferme et, en vue de son immobilité, compense, par le changement qu'elle détermine, le changement qu'elle subit.

La vie, au sens physiologique, ne va donc pas
s'amendant et se perfectionnant sans cesse. Elle
avait atteint, dès son apparition, son point de perfection ; qu'elle cesse de se maintenir semblable à
elle-même, elle déchoît. L'âge d'or de la cellule
vivante est situé dans le passé ; le problème qui
se pose pour elle est de reproduire, en face de
temps nouveaux et modifiés, ces conditions de

l'âge d'or. C'est à cela que tend toute l'industrie physiologique. A l'idée ancienne de l'infinie souplesse de la vie s'oppose l'idée de son immobilité. La cellule qui nageait isolée dans l'eau de mer originelle est la même qui circule dans le sang de l'oiseau. La vie ne s'adapte pas : lorsqu'elle accepte quelques modifications, ce n'est pas pour progresser, c'est pour déchoir. Elle adapte au contraire à ses convenances, dans les cas heureux, quelques fragments des forces du cosmos, et emploie tout son génie à se mettre elle-même à l'abri du changement, à s'inventer et à se construire, en guise de demeures, de forteresses et d'usines, des organismes où soient conservées ou reproduites toutes les circonstances qui accompagnèrent sa genèse. Le changement n'est pas en elle ; il n'atteint que les divers appareils où elle s'abrite et où il intervient expressément comme condition de sa fixité.

Au point de vue de l'application de la science à l'hypothèse philosophique, cette détermination nouvelle du fait de l'évolution entraîne avec les conséquences que l'on faisait entrevoir, aux premières pages de cette étude, et sur lesquelles il est maintenant possible d'insister, une modification totale de la sensibilité métaphysique.

Avant l'explication de M. Quinton, la lente ascension de la vie à travers les formes animales, « depuis l'amibe jusqu'à l'homme », cette ascension, qui ne disait pas ses causes, laissait croire, on l'a noté déjà, à l'existence d'un but qui n'avait été encore jamais atteint, ainsi qu'en témoignait la continuation de l'effort, et ce but, imprécis, encore non défini, prêtait à rêver. Comme le mouvement de l'évolution semblait s'être produit du point de départ de l'inconscient dans le sens de la conscience, de l'intelligence, du monde moral, les philosophes avaient cru voir en cette orientation un avertissement précis, ils avaient cru pouvoir situer le but de l'évolution dans le prolongement de ces phénomènes spirituels, apparus, semblait-il, comme l'ultime floraison de la vie dans le cerveau humain.

Avec l'ensemble des vues biologiques merveilleusement enchaînées que l'on vient d'exposer, il n'y a plus place pour des conceptions assignant au mouvement un but hypothétique, car le but du mouvement nous est désormais notifié par son pourquoi. L'évolution n'est plus un progrès vers une fin qui se présentait à l'esprit comme une énigme à deviner. Elle est un moyen de maintenir semblable à lui-même un état donné, parfaitement connu et défini, et que le changement des conditions environnantes menace à tout instant de détruire. Toute la complication des organismes et l'intelligence humaine elle-même, les démarches, les inventions les plus ingénieuses de la physiologie et de la mentalité, loin qu'elles présagent l'avènement d'un destin inconnu, épuisent toute leur signification à assurer un *statu quo*, à s'opposer à une dissolution.

Le problème de l'évolution se voit à tout instant résolu et chacun des changements heureux qui se réalisent dans la biologie atteint immédiatement son but. L'évolution, réaction de la cellule vivante contre la dissolution dont la menace l'action des forces physico-chimiques, est un mouvement qui en neutralise un autre, qui détermine une immobilité et garantit la pérennité de la cellule vivante. Si l'on observe bien une complexité et une perfection croissantes dans la suite des organismes qui apparaissent sur le globe à des dates de plus en plus récentes, la théorie de M. Quinton ne nous laisse aucun doute sur la raison de ce progrès : il n'est point le signe d'une vocation vers un but nouveau et ignoré, il s'accomplit sous le coup d'une nécessité pressante, en vue d'échapper à un

danger, et de maintenir une manière d'être déterminée et fixe, perpétuellement menacée par un concours de circonstances de plus en plus continûment
défavorables. En face du refroidissement du globe,
la vie, menacée dans son habitat aérien aussi bien
que marin, invente des organismes propres à engendrer une température de plus en plus élevée. En
face de la concentration croissante des océans, la
vie, menacée dans les conditions de sa propre concentration, invente, sous le coup de cette nouvelle
menace, de nouvelles modifications organiques, des
dispositifs propres, par des moyens dont la science
humaine n'a pas encore pénétré le mystère, à s'opposer aux lois ordinaires de l'osmose. Or, en cette
menace, que fut pour la vie le degré croissant de
concentration des mers, il est permis de voir maintenant une cause d'évolution plus ancienne peut-
être que ne fut le refroidissement lui-même, et qui
justifierait, à l'époque cambrienne et aux époques
suivantes, alors que la température ambiante offrait
encore à la vie ses conditions optima, ce passage
du stade cellulaire au stade organique, cette éclo-
sion de tant de formes diverses, enfin, l'exode vers
les continents où la vie, menacée dans ses conditions
chimiques par la rareté, parmi ce nouvel habitat,
de ses sels privilégiés, dut s'ingénier, encore sous

le coup de cette menace d'un autre ordre, à de nouvelles modifications organiques. Toute l'histoire de l'évolution n'est donc que la suite des mesures avisées, prises par la matière vivante en vue de se conserver, et la biologie apparaît ainsi qu'une science dont le cercle est entièrement fermé. Elle n'est plus un péristyle donnant accès vers le secret d'un temple. Elle renferme en elle-même son propre sanctuaire et la vie, au sens purement physiologique du terme, est le principal et le seul personnage du cycle dont elle reproduit l'histoire. Elle en absorbe tout l'intérêt, elle n'y tient point le rôle d'un annonciateur, mais elle s'y montre à la fois un avènement et un but.

Au point de vue de la sensibilité philosophique, la conclusion la plus saillante qu'impose la théorie de M. Quinton est celle qui a trait au fait de l'intelligence. Telle qu'elle se manifeste dans l'homme, l'apparition de l'intelligence ne coïncide plus avec le dernier effort accompli par l'évolution biologique, car le point de vue nouveau ne laisse aucun doute sur l'origine relativement ancienne de l'homme, sur l'origine beaucoup plus récente d'un assez grand nombre de mammifères et d'un nombre beaucoup plus considérable d'oiseaux. L'intelligence ne saurait donc plus être considérée comme le but suprême, poursuivi avec la lente élaboration de la matière vivante à travers le perfectionnement croissant des formes animales, car, ce but présumé, une fois atteint, a été dépassé; l'intelligence une fois réalisée dans l'espèce *homme*, l'évolution ne s'est point arrêtée, comme si elle eût dit son dernier mot, mais elle a continué son cours, d'autres formes sont apparues, présentant, à un degré beaucoup moindre, le caractère de l'intelligence dont l'homme était marqué, tandis qu'offrant à la cellule vivante des conditions d'existence plus parfaites, elles accusaient sous ce jour une supériorité physiologique incontestable.

Or, en même temps que l'on est contraint d'abandonner l'idée de l'intelligence comme but, il faut bien reconnaître à l'intelligence, considérée comme un pouvoir pur et simple d'adapter un moyen à une fin, considérée, du point de vue de la théorie biologique que l'on vient d'exposer, comme un moyen de perpétuer l'existence de la cellule vivante, une importance prépondérante. Elle se montre, en effet, avec une grande efficacité, le moyen d'une fin identique à celle que poursuit, au cours de l'évolution,

toute l'industrie physiologique. Tandis que différentes espèces, survenant après l'homme, — équidés,
bovidés, oiseaux, — par un perfectionnement purement physiologique intéressant le poumon, l'estomac, l'appareil circulatoire, réussissent à élever leur
température intérieure de 37 à 43°, l'homme demeure
impuissant à élever la sienne, au delà de 37°2. Par
contre, il invente le feu, les maisons et les vêtements en sorte qu'il parvient, au moyen d'un mécanisme cérébral de nature physiologique, à utiliser,
au profit de la cellule vivante, les éléments du cosmos, à disposer ces éléments de façon à maintenir
autour de la cellule vivante, et jusqu'en dehors de
l'organisme, les conditions originelles, artificiellement reconstituées.

Si l'on considère que le maintien de la température des origines n'est qu'une de ces conditions
requises par la vie en vue de son haut fonctionnement, et qu'il en est beaucoup d'autres, relatives aux
circonstances chimiques, osmotiques, ou lumineuses,
relatives à d'autres circonstances encore qui ne nous
sont point connues, il apparaît qu'une tâche aussi
complexe suffit à rendre un compte précis du rôle
de l'intelligence et ne laisse plus de place pour
aucune autre explication. Les défenses que la physiologie oppose aux menaces de l'extérieur par des

dispositions organiques, par des ouvrages anatomiques tout proches de la cellule, l'intelligence les institue au moyen de dispositions plus indirectes, au moyen d'ouvrages plus avancés et qui, au lieu de combattre l'ennemi en quelque sorte corps à corps, s'opposent à son approche.

Ainsi, l'intelligence humaine apparaît comme un moyen de sauvegarde de la cellule vivante, moyen parallèle aux moyens plus directs que nous voyons en jeu avec l'évolution des divers organismes. De même qu'en présence de la concentration croissante des océans, il semble que la vie ait adopté des mesures de différentes sortes, — ici l'exode vers la terre ferme, là l'invention d'appareils physiologiques propres à assurer l'intégrité de son milieu intérieur, — de même, après avoir évolué jusqu'à l'homme, opposant aux circonstances défavorables des modifications physiologiques directes, la vie, parvenue à cet échelon, et tandis qu'elle prolongeait et perfectionnait, avec quelques mammifères et avec les oiseaux, ce mode de défense immédiate, aurait inauguré, avec l'intelligence, un nouveau moyen de défense indirecte, s'exerçant par une action à distance sur la matière. Entre ces deux moyens en vue d'un but identique, dont l'un consiste, si l'on ne considère le problème que sous

sa face thermique, à disposer un appareil de combustion dans l'intérieur d'un organisme, tandis
que l'autre consiste à allumer un calorifère dans
une maison, entre ces deux moyens l'avenir seul
révélera lequel est le plus propre à atteindre le but
visé, à assurer avec le plus d'efficacité et de durée
le maintien, autour de la cellule vivante, et à l'encontre des circonstances défavorables, des conditions précises que sa prospérité requiert.

Bien qu'entre ces deux modes le concours déjà
soit ouvert, il est permis encore de risquer sur
l'un ou l'autre un enjeu et peut-être serait-il téméraire de croire avec trop d'assurance au triomphe
du moyen physiologique indirect sur le moyen
plus direct dont, jusqu'à l'homme, la biologie fit
emploi d'une façon si ingénieuse et si efficace. Quoi
qu'il advienne, le phénomène de l'intelligence dont
le rôle, sous le jour de la théorie de M. Quinton,
put sembler un instant compromis, retrouve un
remploi important comme l'un des moyens de la
fin biologique. C'est assez dire que ce rôle, défini
sur le plan du déterminisme physique, rend super-
flues des explications d'un autre ordre et que s'é-
vanouissent toutes les conceptions imaginées par
les philosophies, les religions et les morales, ces
conceptions diverses selon lesquelles l'intelligence,

but de l'évolution et moyen de l'éthique, aurait
pour fonction et pour destin suprême d'élaborer
dans les consciences les rythmes de l'idée morale.

Cette croyance aux destinées éthiques de l'intelligence semble montrer une face nouvelle de ce
procédé d'illusion dont, sous le jour de la conception d'un Bovarysme métaphysique, on a classé
déjà quelques manifestations et dont on a signalé
l'intervention dans tous les phénomènes de la représentation psychologique, c'est-à-dire dans tous
les cas où une activité, en prenant conscience d'elle-
même, se conçoit comme cause et comme but.
L'homme, déterminé par des instincts et des mobiles qu'il reçoit de l'hérédité, de l'éducation et des
circonstances, se présume pourvu d'un libre arbitre. C'est par la vertu d'une illusion analogue qu'il
croit poursuivre avec son intelligence des fins
fixées par son intelligence, alors que celle-ci n'est
qu'un moyen, parmi d'autres, pour une fin étrangère, pour cette fin biologique que réalise à tout
moment le mouvement de l'évolution. Cette conception illusoire, selon laquelle l'agent conscient
de quelque activité se prend pour une fin alors

qu'il est un moyen, relève de cette loi d'ironie
dont, après Joseph de Maistre et M. de Hartmann,
on révélait l'importance en un chapitre de *la
Fiction universelle*. Sous le jour des évaluations
morales, et en tant que l'on attribue aux motifs une
efficacité causale, elle apparaît comme une ruse
en vue de tirer d'une énergie consciente son maximum d'intensité, — la fausse promesse dont celle-ci
est dupe détournant au profit de la fin étrangère,
dont elle est le moyen, toute la frénésie qu'elle apporte à se procurer une fin égoïste. — Sous le jour
d'une évaluation plus positive, et si l'on cesse d'attribuer au motif, tenu maintenant pour le reflet
pur et simple dans le miroir conscient des gestes
de l'activité physique, une efficacité causale, on
constatera seulement que, partout où quelque
grande activité se déploie, on y voit se former,
avec les contours de ce reflet, cette illusion spéciale
du moyen qui se conçoit comme une fin, en sorte
que la présence de cette illusion, si elle n'est la
cause, est du moins le signe auquel nous reconnaissons la présence d'une activité intense.

Cette remarque est grosse de conséquences et
prescrit une méthode d'interprétation, en ce qui
touche aux phénomènes philosophiques, religieux
et sociaux, en ce qui touche aussi aux croyances

en lesquelles ces phénomènes s'expriment. Si l'on
envisage ces croyances par rapport au but qu'elles
visent, elles nous paraissent, en comparaison du
but auquel la biologie nous montre que l'évolution
aboutit, marquées d'un caractère d'aberration.
Sous ce jour, la religion morale de la solidarité,
l'idéal de justice et de liberté qui exalte les consciences modernes semblent aussi chimériques que
la croyance ancienne aux récompenses et aux peines
distribuées par des divinités providentielles et des-
potiques. Il en est autrement si l'on considère ces
croyances, non plus dans leur rapport avec la
vérité qu'elles voudraient exprimer, mais dans leurs
conséquences involontaires quant au but que nous
voyons réalisé dans la biologie : le maintien des
conditions favorables à la prospérité de la cellule
vivante. Sous ce jour, les religions, les morales, les
institutions sociales, et jusqu'aux conceptions esthétiques trouvent une justification plausible : le but
étant fixé par la biologie, il ne s'agit plus que de
distinguer par quel détour les divers phénomènes
d'intellectualité et de moralité, qui s'attribuent des
raisons d'être et des fins imaginaires et propres,
servent ce but défini. Ce but défini nous tiendra
lieu d'une grille au moyen de laquelle nous les
pourrons déchiffrer comme des caractères secrets,

comme des signes, d'autant plus intéressants, parfois, qu'ils nous divulgueront un sens plus différent de celui qui leur est dévolu par la conscience commune. C'est ainsi que la nécessité de multiplier la matière vivante, pour augmenter les chances de sa persistance, expliquera la morale de l'amour telle qu'elle se manifeste dans la coutume, dans la religion et dans la loi. C'est ainsi que l'état de société, se montrant le plus propre à assurer la sécurité et la croissance numérique des individus, il apparaîtra que les conventions, les préjugés et les croyances qui ont pour effet de consolider cet état apportent leur concours à la fin biologique.

Si, d'ailleurs, dans le fait d'intelligence, on considère le moyen indirect par lequel l'espèce humaine réussit à combattre les circonstances défavorables à la prospérité biologique, le lien qui existe entre le fait social et l'utilité biologique se montrera plus étroit encore. Il apparaîtra en effet que la notion scientifique, agent de l'action humaine sur le monde extérieur, et qui n'est point transmissible par l'hérédité, exige une organisation sociale, une extension et une richesse de rapports entre les hommes que n'exigeait point la tactique employée par les autres espèces animales. Chez le ruminant, par exemple, qui acquiert la propriété d'élever sa température

de un ou deux degrés au-dessus de la température
humaine, tout le travail d'invention et de remaniement qui fut nécessaire pour procurer ce résultat se voit accompli dans l'intérieur de la périphérie individuelle ; la modification efficace, une fois
réalisée, est transmise par l'hérédité. Il n'en est
pas de même des procédés de plus en plus complexes par lesquels l'homme dispose la matière au
gré des exigences de la vie. Tout ce travail de
défense et d'accommodation, au lieu de s'opérer
par le concours des cellules enfermées dans un
même organisme, s'accomplit par la coopération
des individus compris dans un même ensemble
social, modifiant par leur action, non plus le
dispositif de l'organisme lui-même, mais des parties du cosmos extérieures aux organismes. Plus
encore que la nécessité de multiplier la matière
vivante à laquelle l'homme obéit, au même titre
que les autres animaux, cette circonstance particulière lui impose la fatalité de la vie sociale.

Les relations sociales auraient donc, semble-t-il,
dans l'espèce humaine et au point de vue biologique, l'importance qu'ont chez les individus des
autres espèces les relations intercellulaires. Cette
importance est consacrée tout d'abord par le fait
du langage, par l'invention du mot, signe parlé et

écrit, moyen d'échange et de transmission, non
seulement entre les hommes d'un même temps, mais
entre ceux des diverses époques, agent merveilleux
en vue d'étendre les relations sociales, en vue de
faire converger vers un but commun l'effort d'un
plus grand nombre d'individus. A la façon dont
certains insectes préparent pour leurs larves, qui
écloront après leur mort, les aliments nécessaires,
les hommes enferment dans des mots des notions
que d'autres hommes, leur postérité, utiliseront
pour la connaissance, des notions auxquelles ces
nouveaux venus en ajouteront d'autres, enfermées
également dans des signes transmissibles et durables, afin que le pouvoir de la matière vivante sur
le monde physico-chimique soit constamment
accru.

Cette importance et ce but défini attribués par la
biologie au fait social va-t-il conférer à la sociologie une certitude plus grande? On ne le pense pas,
s'il s'agit avec la sociologie d'une science propre à
diriger l'évolution humaine vers les fins biologiques
par une divination et par des procédés rationnels.
Les circonstances du changement cosmique contre
lesquelles la vie doit se mettre en garde sont en
effet si complexes, si imparfaitement connues, elles
ont trait à des périodes de la durée si incertaines

que toute science qui se targuera d'instituer à leur
encontre des prévisions et des modes de défense
courra le risque d'engendrer des doutes chez les
gens graves et des sourires chez les sceptiques. En
face de la complexité et de l'imprévu de ces circonstances contraires, le hasard aura, comme par
le passé, sa large part dans le choix des mesures
opportunes — c'est-à-dire qu'il n'y aura pas de
choix, mais que, parmi un grand nombre de mesures adoptées, l'avenir montrera seul quelles
furent les meilleures. Il y a plus, et du fait seul que
les sociologues cesseraient d'être dupes des buts
moraux, religieux, économiques, humanitaires
qu'ils ont envisagés jusqu'ici, dès qu'ils commen-
ceraient à considérer l'humanité comme un moyen
pour une fin biologique et non plus comme une
fin en soi, leurs théories perdraient le bénéfice de
cette loi d'ironie que l'on vient d'invoquer; elles
perdraient cette force persuasive qui résulte pour
toute idée du fait que les énergies conscientes auxquelles elle se propose, tandis qu'elles poursuivent
un intérêt étranger, se conçoivent, par la vertu du
mirage efficace, à la solde de leur intérêt propre.

La connaissance du but biologique n'aura donc,
semble-t-il, d'autre utilisation réelle que d'autori-
ser une figuration des périodes révolues, des faits

sociaux périmés, selon des perspectives fixes, et sous un éclairage qui leur conférera une valeur spectaculaire plus élevée.

Ces considérations ne feront pas d'ailleurs que les sociologues s'en puissent jamais tenir à ce rôle d'historiens philosophiques et d'interprètes ingénieux du roman passé. Ils continueront vraisemblablement d'aménager l'avenir selon des méthodes rationnelles et d'appuyer leurs horoscopes sur des lois. Or on ne pense pas que leur entreprise doive être aussi vaine qu'il pourrait sembler : sans efficacité à l'égard d'une vérité objective, insuffisante en tant que déduction logique, elle exercera pourtant sur l'évolution des esprits quelque influence par ce qu'elle contiendra en son principe de déraisonnable, par ce désir obscur, matière du réel, par cette pétition de principe d'un instinct, qui, selon la remarque de Nietzsche, est à la racine de toute philosophie qui, à tout sociologue aussi bien qu'à tout philosophe, souffle l'appareil systématique de sa pensée, et, sous le masque de la dialectique, agit par contagion sur d'autres désirs, sur d'autres instincts.

Dans un article publié par la *Revue de métaphy-*

sique et de morale, M. Jean Veber, exposant les théories de M. Quinton, a décrit la méthode du savant. « Elle consiste, a-t-il dit, à pousser jusqu'aux dernières limites les exigences d'une induction entièrement *a priori* avant de faire appel à l'expérience. »

La définition est excellente et M. Jean Veber, l'appuyant d'exemples empruntés à l'histoire des découvertes scientifiques, l'éclairant d'une analyse minutieuse de l'idée directrice qui fonda la thèse, du fait unique d'observation sur lequel celle-ci prit son élan, de toutes les conséquences tout d'abord improbables qu'elle exigeait et que l'expérience docile réalisa, M. Jean Veber a fait voir, dans la construction systématique de M. Quinton, un cas typique merveilleusement propre à intéresser tous ceux que passionne, presque autant peut-être que les résultats de la recherche intellectuelle, le jeu du mécanisme cérébral qui préside à cette recherche.

On a surtout, au cours de cette étude, envisagé la théorie biologique de M. Quinton au point de vue des conséquences philosophiques qu'elle entraîne. A les résumer en une vue d'ensemble, après l'exposé qu'on en vient de faire, on constatera qu'en expliquant sous le jour de l'utilité vitale, et, en fonction de cette utilité, comme une réaction de la matière vivante à l'encontre des changements physico-chimiques, tout le mouvement de l'évolution biologique, y compris le phénomène mental, cette théorie a, sur le plan du déterminisme scientifique, institué un système hermétiquement fermé dont aucun élément, demeuré sans emploi, ne peut être exploité au profit du rêve métaphysique ; on constatera qu'en montrant dans l'évolution une manœuvre en vue du maintien d'un état de perfection et non plus une ébauche s'efforçant vers un lointain achèvement, elle a mis fin à toute interprétation messianique de l'univers. C'en est fait du messianisme du devenir. Le devenir, avec son expression concrète dans le phénomène de l'évolution, n'apparaît plus que comme un moyen pour un éternel présent.

Juin 1905.

COMMENTAIRE

DES

RAISONS DE L'IDÉALISME

Lorsqu'il s'agit, au cours d'une analyse ou d'un compte rendu, de présenter au public une œuvre d'art, tableau, poème ou symphonie, le critique qui a reçu cette mission de confiance est tenu de se prononcer sur la beauté de l'œuvre qu'il a vue, qu'il a lue ou entendue. Il lui faut porter un jugement de valeur dont son goût et son impartialité sont seuls garants, que la nature de l'objet qu'il apprécie ne lui permet guère de motiver, car il ne peut susciter, devant l'esprit de ses lecteurs, la réalité d'une œuvre qui s'adresse directement aux sens, à l'œil ou à l'oreille. La note qu'il distribue est l'essentiel de sa critique. Le public, qui le consulte, est réduit à un acte de foi. L'auteur d'une œuvre de cette nature semblerait donc mal qualifié pour remplir à l'égard de lui-même cette tâche de critique. L'apologie sous sa plume serait suspecte, le blâme contradictoire avec le fait même de l'exécution.

Il en est tout autrement, s'il s'agit d'un traité de philosophie ou de science. Une analyse utile exige, en cette matière, que le critique fasse comparaître devant l'esprit de ses lecteurs les idées mêmes, réduites à leur essence, développées par l'auteur, qu'il précise l'enchaînement logique des idées. Ceux-ci se trouvent ainsi nantis de quelques-uns des éléments constitutifs de l'œuvre d'après lesquels il leur est possible d'être juges eux-mêmes. Il ne semble donc pas qu'aucune raison s'oppose à ce qu'un philosophe ou un savant remplisse à l'égard de lui-même fonction critique ou analytique. L'auteur, au contraire, offre ici cette garantie qu'il doit connaître avec perfection le sujet dont il traite, et il y a lieu de penser qu'il est mieux situé qu'aucun autre pour en déduire un exposé fidèle. Enfin son intérêt à faire envisager son œuvre sous le jour qu'il l'a conçue, à en exposer les différentes parties selon l'ordre d'importance qu'il y a attaché, est corrélatif de l'intérêt du lecteur à s'en pouvoir faire une représentation exacte.

Faut-il ajouter qu'à adopter à l'égard de son

œuvre l'attitude objective du critique, l'auteur court la chance de découvrir l'écart qui, ici ou là, peut exister entre son intention et son exécution, entre l'œuvre qu'il a voulu faire et celle qu'il a faite en réalité. Découvrant ou signalant ces défaillances ou ces lacunes, il lui est donné de les réparer en partie, en sorte que le système d'idées ou de notions en cause, d'être exposé dans ces conditions, tire aussi un bénéfice.

De toutes les considérations qui peuvent déterminer un auteur à assumer vis-à-vis de lui-même cette tâche analytique, celle-ci est la plus forte. Elle vaudra surtout, dans tous les cas où l'ouvrage qu'il s'agit d'analyser sera le prolongement d'une suite de développements, tous consacrés à un même ordre de pensées. Tel est le cas des *Raisons de l'Idéalisme* (1), conclusion d'une suite d'efforts tentés en quelques ouvrages antérieurs en vue de formuler une conception générale de l'existence. Ce compte-rendu analytique m'est apparu comme un moyen de vérifier la solidité du lien qui unit entre elles les diverses parties de cette entreprise, de conférer, s'il est possible, à cet ensemble de réflexions un caractère plus harmonieux et plus

(1) **Ed.** *du Mercure de France.*

définitif, en le réduisant aussi à ses proportions les plus essentielles. Il forme, à vrai dire, un commentaire plutôt qu'une analyse, un commentaire au cours duquel, utilisant parfois des procédés nouveaux au service du but primitivement visé, je me suis spécialement attaché à cette tâche : mettre en lumière la relation étroite qui unit l'idéalisme à cette conception générale du Bovarysme où le pouvoir d'imaginer se complique d'un fait essentiel de contradiction, principe de tout le mouvement psychologique.

I

Les Raisons de l'Idéalisme, qui pourront être par la suite un point de départ pour diverses recherches dans l'ordre de la morale et de l'esthétique, sont, au point de vue de la représentation générale que l'auteur a tenté antérieurement de se composer de l'existence, un aboutissement. Influencée par les philosophies de l'Inde, reconnaissant quelques-uns de ses traits essentiels aux contours des métaphysiques allemandes et, plus spécialement, des spéculations de Schopenhauer, cette représentation a reçu la forme particulière sous laquelle elle s'est manifestée de la conception du Bovarysme.

Le Bovarysme, au sens le plus général, est *le pouvoir d'imaginer*. Mais, considéré tout d'abord sous son aspect pathologique, il fut défini *le pouvoir dévolu à l'homme de se concevoir autre qu'il n'est*, d'opposer à sa personnalité véritable une image de lui-même différente, empruntée et fictive, à laquelle il donne la préférence. Une telle définition laisse croire à l'existence d'une réalité psychologique objective et fixe, indépendante de l'acte d'imagination par lequel l'homme se conçoit de telle ou telle sorte. Sous ce jour, le Bovarysme apparaît comme un fait d'aberration pur et simple et, dans l'écart qui se forme entre la réalité objective à laquelle on attribue une existence distincte et la fausse conception de lui-même où l'homme se complaît, viennent trébucher ou s'abîmer, en raison d'un élan qui n'atteint pas son but, tout le comique et tout le drame inclus dans l'existence. Or, tant que l'on considère la vie avec le regard du satirique ou du moraliste, il faut tenir que cette réalité objective existe et qu'un intervalle infranchissable la sépare de l'acte d'imagination qui se dresse en face d'elle. Ainsi raisonne Molière : durant les trois actes au cours desquels le Bourgeois gentilhomme déroule devant nos yeux

sa prétention, l'écart demeure toujours le même
entre son personnage supposé réel et le faux personnage sous les traits duquel il se conçoit, et cet
écart est la cause qui le fait trébucher de façon
drôlatique à chaque action qu'il accomplit, à chaque parole qu'il prononce. Imaginons pourtant
que la représentation se prolonge, ou, plutôt, sor-
tons du théâtre et considérons, dans la vie, le
Bourgeois gentilhomme : pour peu qu'il demeure
attaché à sa présomption, M. Jourdain parviendra
à imiter les paroles et les gestes de la bonne
société sans y apporter cette exagération qui tout
d'abord le montrait grotesque; il apprendra à dis-
cerner les véritables gentilshommes des aventuriers
qui le bernaient. Si sa bourse est bien garnie, s'il
peut soutenir un temps suffisant le train qu'il faut,
s'il sait consentir tels sacrifices qui, lui faisant des
obligés, lui donneront accès parmi ceux qu'il admire,
s'il sait imposer aux autres l'image qu'il se forme
de lui-même par la force de l'hallucination à laquelle il est en proie, l'écart va diminuer insensiblement, puis s'effacer entre le bourgeois et le gentilhomme dont le contraste et la réunion en un
même être prêtaient aux gorges chaudes, et, des
deux personnages antagonistes, un seul va demeurer, le gentilhomme, qui, dans le prolongement

de l'aventure au delà de la rampe, aura fait oublier le Bourgeois du début.

Ainsi pour jouir des effets comiques que suscite la disproportion entre l'être réel d'un individu donné et la conception différente qu'il se forme de lui-même, il faut tenir la lorgnette d'une certaine façon, il faut la fixer sur un champ déterminé et ne la point diriger au delà. Ce champ d'ailleurs est vaste : dans plus de cas qu'il n'en faut pour alimenter la verve des auteurs comiques ou pour motiver les analyses des psychologues, l'homme qui s'est engoué d'un personnage entièrement différent de celui que son hérédité lui a légué s'efforcera vainement durant toute sa vie d'égaler le modèle qu'il s'est proposé, il se heurtera constamment à son impuissance qui éclatera en gestes et en propos risibles, en tentatives infructueuses, en échecs manifestes, en faillites renouvelées. Il suffit pourtant de savoir qu'avec une opiniâtreté plus grande, avec une tension plus énergique du vouloir, avec l'aide de la durée, quelques-uns réussissent à réaliser la conception fausse d'abord qu'ils s'étaient formée d'eux-mêmes, pour qu'un soupçon s'élève en notre esprit, pour que nous cessions de voir une différence de nature absolue entre la réalité que nous nommions objective et l'acte d'imagination qui vient de nous montrer son pouvoir de transformation, son empire sur le réel.

Cet acte d'imagination, que nous avons étudié tout d'abord dans les conditions les plus défavorables, à l'occasion d'un personnage de comédie, et avec une humeur prévenue, il ne tient qu'à nous de le considérer dans des cas différents, sous un jour en quelque sorte neutre, où il va nous montrer aussitôt sa fréquence et nous certifier son caractère normal. Le voici qui intervient en effet dans tous les cas où une réalité psychologique se montre en progrès, en voie d'amplification, et, pour fixer d'un mot sa portée, dans tous les cas d'éducation. Qu'il s'agisse de l'éducation de l'intelligence ou de celle de la sensibilité, nous voyons qu'une conception différente de lui-même et de son rapport avec les choses est proposée à l'enfant, que, par la vertu de l'acte d'imagination auquel il s'abandonne et se fie, il acquiert en peu de temps un savoir que l'effort de toute sa vie ne lui eût jamais procuré et voit sa personnalité se transformer d'une façon remarquable. Sous ce jour toute la suite de la civilisation humaine apparaît comme un fait d'imagination prestigieux, comme un fait de Bovarysme triomphant, chaque dernier venu parmi les hommes se concevant, selon une présomption infiniment audacieuse et naïve, au gré de l'image que lui présente de lui-même le milieu social où il est plongé, aimanté par cette image, — s'efforçant de combler l'écart qui l'en sépare, réussissant à transmuer cette image de lui-même en sa propre réalité psychologique.

Ainsi, cet écart entre la réalité objective d'un être et la conception différente qu'il se compose de lui-même, cet écart, qui tout d'abord nous paraissait un abîme entre la réalité et son contraire, n'est plus qu'un intervalle entre deux moments d'une même entité. Dès lors, l'imaginaire ne s'oppose plus au réel comme sa négation, il en est une anticipation. Il y a plus, et si nous considérons qu'il déplace le réel, le déforme et le transforme, il semble que tout pouvoir réalisateur réside en lui et le réel ne nous apparaît plus que comme une catégorie de l'imaginaire, comme un état déterminé de la fiction.

Dès lors il apparaît que le pouvoir bovaryque de se concevoir autre comporte deux cas distincts, caractérisés par des conséquences différentes, deux cas dont chacun requiert une définition propre. Au sens péjoratif, le Bovarysme est le fait de se former, à l'instigation d'un modèle, une conception de soi-même que l'on n'a pas le pouvoir de réaliser.

Au sens favorable, c'est le fait de se former de
soi-même, à l'instigation d'un modèle, une conception plus haute, accompagnée d'un pouvoir de
réalisation. Deux facteurs sont ici en cause, qui
décident de la tournure heureuse ou malchanceuse
de l'événement psychologique, la quantité de force
dont l'image nouvelle est pourvue, le degré de
résistance opposée par l'image ancienne, et cette
image est d'autant plus tenace et résistante qu'elle
a été répétée avec plus de fréquence au cours d'une
plus longue durée, qu'elle a été, par ce fait de
répétition, cristallisée d'une façon plus ou moins
définitive en la forme d'un tempérament, d'un instinct ou d'un organe.

Ainsi le monde déjà se formule à nos yeux
comme un acte d'imagination dont les différentes
péripéties s'accordent ou ne s'accordent pas entre
elles et cette alternative embrasse, sous deux modes
tranchés, tous les phénomènes de l'existence. Toutefois, si à la lumière de ces deux modes qui viennent d'être décrits, le Bovarysme apparaît comme
un pouvoir de transformation et rend compte des
diverses modifications d'une réalité déjà donnée,
il ne se manifeste pas encore comme un pouvoir
créateur. Nous voyons qu'en vertu de la faculté de
se concevoir autre l'homme, halluciné par quelque

image dont il s'est épris, se soulève au-dessus de lui-même vers une réalisation supérieure en degré à sa réalité actuelle, ou qu'impuissant à atteindre cette image et détourné par son attraction des modes de sa réalité actuelle, il trébuche misérablement dans l'intervalle ouvert entre ces deux représentations de lui-même, offrant le spectacle de l'infortune ou du ridicule. Nous voyons donc comment des images différentes les unes des autres agissent les unes sur les autres, nous ne voyons pas comment se sont formées les premières images, les premières réalités originales qui s'influenceront par la suite et donneront naissance à des formes métamorphosées du réel. Or, si nous ne le voyons pas, c'est que, précisément, nous avons considéré l'action du Bovarysme dans ses conséquences les plus concrètes, dans le jeu complexe de la psychologie et du caractère, dans le monde des phénomènes une fois donné dans sa diversité. Confronté, au contraire, avec l'hypothèse d'une existence antérieure à ce fait de diversité, avec l'hypothèse métaphysique d'un tout indistinct hors de quoi rien n'existe, le fait bovaryque montre aussitôt, avec la nécessité de son intervention, son pouvoir créateur.

Il faut tenir, en effet, que l'idée d'existence est

liée indissolublement à celle de connaissance,
que l'idée d'une existence qui n'aurait pas conscience d'elle-même est entièrement vide, qu'il est
impossible de concevoir le fait de l'existence si ce
n'est à travers le fait de connaissance. Or, l'hypothèse qui vient d'être formée, d'un tout indistinct
hors de quoi rien n'existe, révèle, sous le jour de cette
remarque, la contradiction qu'elle renferme. Ou,
la formant, je mets à part et *distingue* — de ce
tout *indistinct* hors de quoi rien n'existe — mon
esprit qui l'imagine, ce qui est contraire à l'hypothèse, ou j'intègre, dans ce même tout *indistinct*,
mon esprit qui le *distingue* de lui-même comme
l'objet d'une connaissance dont il est lui-même le
sujet, et ceci encore est contraire à l'hypothèse. Si,
par un jeu logique, je m'obstine à séparer les deux
idées indissolubles d'existence et de connaissance,
à spéculer sur ce concept négatif de l'existence en
soi, il me faut dire qu'une telle existence ne prend
conscience d'elle-même, et par conséquent n'existe
que dans un fait de contradiction d'elle-même,
que, demeurant une et indistincte en son principe,
elle se conçoit dans la diversité et la distinction de
l'objet et du sujet, en sorte que, selon la nécessité
d'un Bovarysme essentiel, elle se conçoit autre
qu'elle n'est.

Le fait de conscience, dans son rapport avec le fait d'existence, implique donc une déformation de celui-ci. A exprimer la même idée sous une forme positive, c'est-à-dire à considérer l'existence dans sa relation indissoluble, dans son identité fondamentale avec la pensée, cela revient à la définir selon cet état d'opposition avec elle-même que dénonce le Bovarysme, selon cet état d'opposition avec elle-même qui engendre le fait de diversité hors duquel elle ne saurait avoir conscience d'elle-même. *Avoir conscience* et *se concevoir autre* sont donc deux formules pour une même idée. Cette conclusion s'impose avec la même force, soit que, objectivement, l'on applique le principe de contradiction bovaryque à l'hypothèse d'un tout homogène hors de quoi rien n'existe, soit que, subjectivement, on le fasse jouer dans *l'ego* psychologique, tenu logiquement pour la seule donnée immédiate. Dans les deux cas, le fait de conscience, indissolublement lié au fait d'existence, se montre inséparable de l'acte de différenciation par lequel le monde ou *l'ego* opposent, dans l'intérieur de leur propre entité, l'objet au sujet de la connaissance les tirant l'un et l'autre et les engendrant d'une identique substance. L'existence, sous l'infinité des formes particulières qu'elle revêt, reçoit sa réalité concrète, distincte et saisissable, de la relation selon laquelle le sujet s'oppose à l'objet dans l'acte de conscience, que l'on imagine cet acte de nature métaphysique ou psychologique.

Le Bovarysme, réduit ici à son mécanisme le plus élémentaire, considéré sous son expression la plus adéquate, hors de toute contingence, montre donc son pouvoir créateur essentiel. Il est l'acte même de différenciation qui, dans l'intimité du fait de conscience, confère à toute chose l'existence réelle. Existence est connaissance et connaissance est différenciation. Le Bovarysme, fait de se concevoir autre, acte de différer de soi-même dans l'opposition de l'objet au sujet, est la relation féconde qui, au cœur du fait de conscience, et, exprimant de celui-ci tout' le contenu, sculpte indéfiniment toutes les formes du réel.

Confronté avec la notion abstraite d'existence, le Bovarysme nous montre donc ce pouvoir créateur que nous recherchions vainement dans le monde de la diversité concrète où nous avions vu se manifester tout d'abord son action. Il nous apparaît comme acte de différenciation pur et simple, et c'est cet acte de différenciation pur et simple qui, s'exerçant dans l'intérieur d'une même entité, indépendamment de toute influence extérieure, engendre les premières images, les premières réalités. Celles-ci, une fois créées, ont, par la suite réagi les unes sur les autres : l'acte bovaryque, se compliquant du fait de ses propres démarches, elles vont, au cours de leur évolution, non seulement *se concevoir autres et différer d'elles-mêmes*, mais se concevoir autres et différer les unes des autres, *à l'imitation d'un modèle fascinateur, à l'imitation les unes des autres.* C'est sous ce second aspect que le Bovarysme nous était apparu tout d'abord, c'est sur ce plan et parmi ces perspectives complexes que nous retrouvons, déduite maintenant et comme une conséquence fatale de sa forme simple, primitive et créatrice, cette forme seconde; tour à tour bienfaisante ou malfaisante selon l'intensité du pouvoir de transformation lié dans chaque opération au fait de se concevoir autre à l'imitation d'un modèle, selon la convenance, plus ou moins grande, de l'image imitée aux modalités de l'énergie qui imite.

La conception du Bovarysme rend donc compte non seulement de la façon dont les éléments de l'existence, une fois formés, se comportent à l'égard les uns des autres, mais aussi de la façon dont ils se forment. Si l'on entend par métaphysique une explication générale du phénomène de l'existence, elle est une métaphysique complète. Or, le principe essentiel sur lequel elle se fonde est l'identité indissoluble des concepts d'existence et de connaissance. Elle donne le monde comme un acte d'imagination, comme un phénomène de pensée, comme un fait de conscience : c'est de l'analyse du fait de conscience, de sa nature et de ses conditions, qu'elle déduit tous ses développements. Elle implique donc et requiert pour cadre l'idéalisme, en sorte qu'une justification de ce système philosophique, conçu à différentes époques par de grands esprits, s'imposait comme la conclusion naturelle de cette théorie. *Les Raisons de l'Idéalisme* sont cette conclusion. On s'est proposé d'y montrer d'abord que la conception de l'idéalisme est la seule qui permette de se représenter l'univers selon une image exempte de contradiction. Sur ce plan de l'idéalisme on s'est efforcé ensuite de marquer la place des diverses catégories de phénomènes que nous distinguons dans le monde, — celle de la catégorie scientifique notamment, en faisant apparaître, autour de certaines séries de mouvements de la pensée, les cadres de nécessité où la science inscrit ses formules, — celle de la catégorie morale, d'autre part, en reconnaissant à l'activité de la pensée une part d'arbitraire ou d'aléa. Enfin, par un dernier retour, on a montré aussi ce que la conception du Bovarysme ajoute à celle de l'idéalisme et comment, avec le principe de contradiction qu'elle y introduit, elle l'anime d'un mouvement autonome.

II

Qu'un état de connaissance existe dans le monde ceci est un fait, et qu'implique la nature même des réflexions que l'on compose ici. Mais que la connaissance nous garantisse son identité avec son objet, c'est ce qui n'est possible que sous le jour de l'hypothèse formée par l'idéalisme quant à la nature de l'existence. Telle est du moins la proposition que l'on s'est efforcé d'établir et si l'on ne démontre pas, par cette méthode, que la conception de l'idéalisme soit vraie, on démontre du moins qu'elle est la seule qui puisse être prise en considération à l'occasion d'un problème, celui de l'existence, qui ne peut être posé qu'en termes de connaissance, en sorte qu'il serait entièrement vain de s'appliquer à le résoudre au moyen d'éléments dont on tiendrait en suspicion le caractère véridique.

Cette règle ayant été adoptée pour méthode : —
écarter toute hypothèse sur l'existence de nature à
introduire un doute sur la légitimité de la connaissance, c'est-à-dire sur la légitimité des moyens
auxquels cette hypothèse a recours pour se produire, — il a fallu rejeter a priori toute conception
dualiste. Distinguant toujours dans l'existence
deux principes, créateur et créature, infini et fini,
esprit et matière, entre lesquels il n'est pas de
commune mesure, entre lesquels il n'est point de
rapports concevables pour l'intelligence, toute hypothèse de cette nature non seulement détermine,
mais semble avoir pour objet de déterminer un
agnosticisme fondamental. Ce parti pris semble
si extraordinaire qu'on a cru devoir l'expliquer en
assignant une origine politique à toute conception
dualiste. On a fait voir comment, dans l'hiatus
logique que tout système de cette nature creuse
entre les deux fragments qu'il imagine du réel, il
y a place pour un impératif au moyen duquel les
plus forts fixent au gré de leur utilité, qui se confond avec l'utilité sociale, les contours de la morale,
les formes du bien et du mal.

Cette explication produite en vue de justifier la
place considérable occupée dans l'histoire de la
pensée humaine par les dogmes dualistes, il reste

que, s'il s'agit de former une hypothèse sur le monde propre à satisfaire notre besoin logique, les conceptions monistes touchant la nature de l'univers peuvent seules entrer en ligne de compte. Or, il n'en est que deux : l'unique substance répandue dans l'univers, selon l'une, est matière, selon l'autre, est pensée. Selon les partisans de la matière, la pensée est une transformation de la matière à laquelle elle est consubstantielle. Aux termes de l'idéalisme, la pensée seule existe, dont l'activité soutient, comme autant de modalités d'elle-même, les apparences matérielles. Dans les deux cas, l'objet et le sujet de la connaissance sont de même nature et aucune solution de continuité entre l'un et l'autre ne fait obstacle à ce que l'un exerce à l'égard de l'autre un acte de possession parfaitement adéquat.

Il semble du moins qu'il en soit ainsi ; mais ne voit-on pas que l'hypothèse selon laquelle la pensée serait une transformation de la matière, selon laquelle, par conséquent, le fait d'existence serait antérieur au fait de connaissance, ne peut être formulée que par les moyens propres au fait de connaissance, suppose, ce qui est contradictoire, que ce fait de connaissance préexiste. L'idée d'évolution, à laquelle les matérialistes ont recours

pour faire sortir la pensée d'un lent travail
d'élaboration de la matière, est tributaire de l'idée
de temps, qui est de nature purement intellectuelle.
On ne peut concevoir des formes matérielles évoluant et se développant *antérieurement* au fait de
connaissance qui donne seul un sens à la notion de
l'antérieur. On ne peut donc, en raison de son
antériorité, faire sortir la pensée de la matière. Si
l'on accordait, après cela, à la matière une existence indépendante de la pensée, qui seule nous
est immédiatement donnée dans le fait de conscience, il faudrait admettre qu'il existe, dans l'univers, deux substances de nature différente. La
croyance à l'existence indépendante de la matière
ressusciterait ainsi une forme nouvelle de la conception dualiste dont on a constaté qu'elle était
incompatible avec un état de connaissance véridique. Une seule forme du monisme reste donc possible, celle qui se formule en un monisme de la
pensée et qui a reçu le nom d'idéalisme.

Nous en sommes à ce point de savoir que, si
une construction cohérente du fait de l'existence
peut être accomplie, elle ne peut l'être que sur le
thème de l'idéalisme, que la conception du monde
comme fait de pensée nous permet seule de nous
fier à l'accord de la connaissance avec son objet,

l'objet perçu par la pensée recevant toute sa réalité de l'acte par lequel la pensée l'imagine et n'en possédant aucune autre. Contre cette conception, la seule qui nous offre des garanties au point de vue de l'état de connaissance qu'elle supporte, on ne pourrait arguer que son insuffisance à situer sur le plan de l'univers toutes les catégories de phénomènes que l'expérience nous y révèle. L'hypothèse de la matière, comme tout du monde, nous a confessé son impuissance à faire surgir la pensée de l'évolution de la matière. L'hypothèse de la pensée, comme tout du monde, va-t-elle réussir à nous faire voir dans la matière et dans ses modes des états de la pensée? A prendre, selon une méthode psychologique rigoureuse, le fait de conscience là seulement où il nous est donné, dans le moi psychologique, va-t-il être possible de tenir toute réalité en apparence extérieure au moi et indépendante du moi pour intérieure au moi psychologique, pour une création du moi?

Berkeley est, après Descartes, le véritable auteur de la stricte méthode psychologique à laquelle il suffit de se conformer étroitement pour déduire

toutes les catégories de l'être, y compris la matière,
du seul fait de la pensée. Berkeley a exposé avec
une incomparable clarté comment il est impossible
pour l'esprit de concevoir une réalité qui ne soit de
la nature de l'esprit, comment, les choses sensibles
étant celles-là seules que les sens aperçoivent immédiatement, nous n'apercevons rien par les sens
que des qualités sensibles, sons, lumières, figures,
variétés du goût et du toucher, en sorte que, s'il
était possible de séparer des objets leurs qualités
sensibles, il n'y resterait plus rien de sensible, en
sorte enfin « que les choses sensibles ne sont rien
de plus que des qualités ou des combinaisons de
qualités sensibles ». Cela revient à dire que toute
perception, tandis qu'elle suppose l'existence d'objets et de qualités hors de l'esprit, prend, à vrai
dire, racine dans une sensation qui ne peut être
située hors de l'esprit, qui ne peut être attribuée
à un objet inanimé. Il est logique de tirer de ces
prémisses cette conclusion : que le monde est un
fait de sensation différenciée, que l'esprit, unique
sujet de ce phénomène, perçoit comme autant d'objets distincts les nuances infiniment variées où il
se différencie de lui-même.

Berkeley toutefois n'a pas suivi sa méthode jusqu'à cette conclusion. Il a distingué deux catégories

d'objets, ceux que nous formons par le seul moyen
de notre imagination et que nous pouvons dissiper
et susciter à notre gré, et ceux dont l'existence se
montre parfaitement indépendante de l'action de
notre esprit particulier, qui, s'ils cessent d'être perçus par notre esprit, témoignent de leur existence
autonome en se manifestant à la vue d'autres esprits
qui, sitôt que nos sens sont dirigés vers eux, s'imposent à notre esprit comme réels, que nous y con-
sentions ou non. Ces objets sont à vrai dire ceux
que nous appelons proprement les objets extérieurs
et aucune difficulté n'est résolue s'il faut continuer
de leur accorder une existence indépendante de
celle que nous leur conférons en les percevant. Berkeley, qui a fait naître l'objection en péchant contre sa méthode, croit la résoudre en affirmant que
ces objets, pour être indépendants de notre esprit,
n'en sont pas moins dépourvus de toute existence
propre, n'en tirent pas moins une existence d'em-
prunt du fait qu'ils sont perçus par un esprit, l'esprit infini de Dieu qui, par l'acte de perception
éternel et constant dont il les engendre, soutient
leur image devant la diversité de nos esprits finis.
On a montré dans *les Raisons de l'Idéalisme* comment cette conception, opposant l'infini de l'esprit
divin à la nature finie des autres esprits compris

dans l'univers, ressuscite, sous un nouvel aspect, ce dualisme qui frappe d'un discrédit immédiat l'état de connaissance auquel il la 'se place, comment elle condamne ainsi l'intelligence à cet état de scepticisme que l'idéalisme de Berkeley avait pour but de supprimer. On a montré également quelles contradictions cette hypothèse divine introduit dans le système qu'elle engendre.

De tels développements étaient, en un sens rigoureux, superflus. Il eût suffi de signaler qu'à s'en tenir à la méthode strictement psychologique qu'il avait adoptée et à laquelle sa thèse est liée étroitement, Berkeley n'avait aucunement le droit d'imaginer, hors de son esprit, l'existence d'autres esprits individuels distincts, capables de perceptions indépendantes de celles que leur pouvait prêter son esprit. Ce faisant, il s'évade brusquement du cercle psychologique où il s'était lui-même enfermé pour en appeler de la façon la plus inattendue aux données des apparences objectives acceptées sans le contrôle auquel il les avait jusque-là soumises. Dès lors, toute sa propre argumentation se dresse contre lui. Ces esprits distincts du sien qu'il imagine ne lui sont révélés que par les perceptions dont ils semblent l'affecter à l'occasion des corps matériels qui leur sont joints. Des

paroles sont entendues par son esprit, mais ces
paroles sont des sensations sonores ; des visages
apparaissent à son esprit, mais ce sont là des perceptions associées de couleurs et de toucher, com-
binées, pour donner naissance aux particularités de
la forme, avec la notion d'étendue, œuvre elle-même
de son esprit. Il n'est rien, venant de ces esprits
vers le sien, qui n'ait pour intermédiaire une sensation éprouvée par lui-même, qui ne s'élève en
réalité de lui-même. En admettant délibérément
l'existence d'autres esprits en dehors du sien, il
accomplit, au point de vue logique, un miracle, mais
les miracles, en logique, sont des défaites.

Il fallait donc reprendre la tentative de construire
l'univers avec les seuls éléments fournis par le moi
psychologique, et avec la méthode de Berkeley, là
même où Berkeley avait abandonné cette méthode.
Or, l'exemple du rêve suffit à montrer la vanité de
l'objection que le philosophe, dans le but religieux
d'introduire la nécessité de l'existence divine dans
son système, avait lui-même soulevée. Le rêve
reproduit, en effet, sans l'intervention d'aucune
réalité extérieure à l'esprit de celui qui rêve, les
circonstances qui ont déterminé Berkeley à faire
appel à une réalité extérieure au moi psychologique.
Dans le rêve, j'invente des personnages auxquels

j'attribue des perceptions, des sentiments, des appréciations, des rapports avec les objets, les choses et les êtres, rapports analogues à ceux qui existent entre moi-même, ces objets, ces choses et ces êtres. La bête féroce qui, dans le plus banal de mes rêves, me poursuit, à laquelle je réussis à échapper, continue d'exister pour mon compagnon moins agile qu'elle va dévorer, dont je vais déplorer la mort. De même dans la vie, où il n'est nul besoin d'avoir recours à l'artifice d'un esprit infini, soutenant devant ma pensée ce paysage d'êtres et d'objets distincts, car mon esprit suffit à cette tâche, remplit l'office de cet esprit infini à l'égard de tous les esprits individuels avec lesquels je fraie. Ceux-ci n'existent et ne s'ordonnent que par rapport à mon esprit. S'il existe entre eux et les objets en apparence extérieurs à mon esprit des rapports nécessaires, c'est que j'ai su introduire des lois dans la représentation que je me donne et que je tire de moi-même, c'est que j'ai su nouer des rapports de dépendance entre les divers systèmes d'images que je me suis composés, c'est que mon rêve est en même temps complexe et ordonné.

Dès que, fidèle à la méthode psychologique, je m'interdis, pour expliquer l'existence du monde objectif, de l'imaginer extérieur à moi-même, dès que je m'applique à justifier son objectivité par les attitudes et les démarches mêmes de ma pensée, j'y parviens. Disposant de ces inventions spirituelles, l'étendue et la durée, l'univers tout entier m'apparaît comme le jeu des mouvements de ma pensée, les derniers apparus et les moins amples limités et définis par les plus anciens et les plus amples. Tout, en ce paysage est acte de mon esprit : entre mon esprit et les choses, l'abîme infranchissable est comblé qui me rendait les choses inaccessibles. L'étude objective de l'univers n'est plus que l'étude du mouvement de division de ma pensée avec elle-même.

A l'encontre de cette interprétation, valable sur le plan d'un pur monisme de la pensée, peut-être sera-t-on tenté d'objecter que l'assimilation du rêve partiel, donné dans l'expérience, au rêve universel de la pensée n'est pas entièrement légitime. Le rêve partiel, dira-t-on, comporte un substratum matériel, l'organisme, au fonctionnement duquel l'activité de la pensée est liée et cette remarque semblerait donner gain de cause à l'hypothèse d'un monisme de la matière. Il n'en est rien. Le rêve partiel nous fournit un exemple de la façon dont les choses se passent dans le rêve universel, il ne saurait lui être identique en tous points, parce qu'il est précisément partiel, parce qu'il fait abstraction d'une part considérable des éléments que la pensée emploie dans la construction du rêve cosmique : c'est en se heurtant au jeu constant de ces éléments négligés que le rêve partiel prend fin. Mais en nous faisant voir comment des objets peuvent apparaître devant la pensée, sans recevoir, du fait de cette apparition, l'attestation qu'ils possèdent une existence autonome, il nous aident à concevoir comment, au regard du rêve universel, ce que nous nommons les conditions physiologiques de la pensée, — mouvements moléculaires dans les cellules nerveuses, phénomènes physiques et chimiques auxquels ces mouvements donnent lieu — peuvent, sur ce plan où la totalité des éléments du rêve sont engagés, n'avoir point de réalité hors de l'esprit, n'être que des images, de la nature de la pensée, *au jeu systématique et ordonné desquelles la pensée a soumis l'apparition des autres images.*

Il ne faut pas oublier que l'on ne prétend pas démontrer que les choses se passent ainsi, mais seulement qu'il est possible qu'elles se passent ainsi. Cette démonstration accomplie, on aura pour soi que cette construction du monde, faite avec les seuls éléments de la pensée, sera la seule à auto riser un état de connaissance excluant le doute sur sa concordance avec son objet. Tel est le pur schéma dialectique sur lequel on a fondé *les Raisons de l'Idéalisme*. Quant aux présomptions de nature à faire penser qu'il en est ainsi en réalité, et que les choses matérielles n'ont pas d'objectivité hors de l'esprit, c'est à la science qu'il appartient de les susciter et c'est elle en effet qui les suscite lorsqu'elle découvre, au cours de son progrès, que les représentations matérielles de plus en plus ténues sur lesquelles elle spécule font place à des substituts moins substantiels encore, où la notion de matière, convertie en celle de mouvement et saisissable seulement en ses effets, témoigne de sa valeur purement symbolique.

III

A l'objet matériel, tel qu'il apparaît dans l'espace, extérieur au sujet qui le perçoit, la conception dualiste attribue un en soi, une existence distincte de celle du sujet. Il n'est donc pas sous ce jour de connaissance immédiate de l'objet par le sujet, mais la seule connaissance possible est celle des rapports qui se forment au regard de l'esprit entre le sujet et l'objet. Ces rapports s'expriment en une série de perceptions dont le contenu présumé soutient la notion toute relative des propriétés de la matière. Ils présentent entre eux certaines relations constantes : ces relations composent l'objet de la science. Théoriquement, la science est donc possible sous le jour de la conception dualiste, mais cette science laisse, hors de ses prises, cet en-soi des phénomènes que le dualisme imagine distinct de la relation d'objet à sujet où le fait de connaissance se formule. A l'égard de cette réalité dont on nous affirme l'existence, nous sommes condamnés à l'ignorance.

Sous le jour de l'idéalisme, le fait de connaissance se formule également dans le rapport que noue l'objet avec le sujet. Mais ce rapport a ici pour origine la division de la pensée avec elle-même. Le sujet et l'objet de la connaissance sont ici les deux termes indissolublement liés *d'un même mouvement de la pensée*, la nature particulière de ce mouvement les définissant l'un et l'autre. Objet et sujet ne sont ce qu'ils sont que l'un pour l'autre, tiennent toute leur existence du rapport qui les unit dans un même mouvement de la pensée dont ils sont les deux fragments. Ils n'ont, en dehors de ce rapport, aucune autre espèce d'existence. Objet et

sujet sont deux termes logiques pour désigner ana-
lytiquement les deux aspects de ce même mouvement
de la pensée à qui seul appartient la véritable réalité.
Existence et connaissance étant identiques, tout
fait d'existence se traduit nécessairement en un fait
de connaissance, soit, en un mouvement de la pensée qui, nécessairement aussi, implique le *percipere*
et le *percipi*, un sujet percevant et un objet perceptible, substantiellement identiques. La connaissance est donc ici nécessairement adéquate à son
objet. Le doute est supprimé, que laissait planer
sur la légitimité du fait de connaissance la différence de nature attribuée par l'hypothèse dualiste
à l'objet et au sujet, par où le rapport où l'un
saisissait l'autre ne pouvait être garant d'une possession adaquate, laissait place, hors de ses données, à une réalité impénétrable, celle de l'objet en
soi. Ce doute ôté, il reste qu'il y a dans le monde des
objets permanents dans la mesure où des mouvements de la pensée se répètent indéfiniment semblables à eux-mêmes, soutenant sur un rythme constant
de mêmes objets devant de mêmes sujets, il reste que
la science est possible dans la mesure où ces mouvements de la pensée, ou quelques-uns d'entre eux,
présentent des caractères de régularité et de fixité
dans les relations qu'ils composent entre eux. Or,

en fait, ces conditions de constance se voient réalisées dans l'univers qui est sous nos yeux. Cette question de fait, qui rend la science possible sous le jour de l'interprétation dualiste, consacre de même la possibilité de la science sous le jour de l'interprétation idéaliste. A degré de possibilité égal, celle-ci ne diffère donc de l'autre que par ce point : le caractère de certitude qu'elle confère à la connaissance scientifique qu'elle engendre.

Il résulte des explications que l'on vient de produire que la science, en termes d'idéalisme, est l'étude, par la pensée, des relations existant entre quelques mouvements accomplis par la pensée selon un rythme constant. A ce caractère de constance sur lequel la science se fonde, on donne communément le nom de nécessité.

C'est dans ce sens que, dans *les Raisons de l'Idéalisme*, on a distingué deux catégories du nécessaire qui circonscrivent le domaine tout entier de la recherche scientifique. La première est liée au mouvement de division selon lequel la pensée, unique en son essence, se distingue en objet et sujet dans l'acte de connaissance, abstraction faite de tous les cas particuliers de ce mouvement. On l'a nommée *nécessité d'existence* parce qu'elle conditionne le fait même de l'existence de la pensée

avec lequel elle se confond, dont elle dénonce le
rythme essentiel : point de connaissance si ce n'est
d'un objet pour un sujet, point d'existence concevable hors d'un fait de connaissance. Cette première catégorie du nécessaire est la base de la
science logique. Mais tandis qu'il est impossible de
concevoir un fait de connaissance en dehors d'un
mouvement de division en objet et en sujet, aucune
présomption ne permet de supposer que les mouvements de division, en nombre infini, où la pensée se représente à sa propre vue et qui composent l'innombrable diversité des phénomènes,
soient déterminés à titre de conséquences, quant
à leur personnalité distincte, par cette première
nécessité de division toute abstraite en objet et en
sujet. En l'absence de tout déterminisme intellectuel y contraignant, postuler cette nécessité serait
faire acte de pur dogmatisme et ce dogmatisme,
qui convertirait le phénomène de l'existence en un
fait entièrement calculable, serait mis aussitôt en
échec, pratiquement, par l'expérience scientifique,
et, théoriquement, par les antinomies dont le
caractère insoluble n'est point un vain avertissement.

Hormis ce premier cadre de nécessité dont on
vient de définir la nature, voici donc le champ

ouvert à une infinité de possibles. Au gré d'une
activité entièrement arbitraire, indéterminée, hasardeuse, la pensée pourra enfanter dans son mouvement de division d'elle-même avec elle-même
jusqu'à des formes que les modes actuels de notre
mentalité sont impuissants à imaginer. Le phénomène de pensée où l'existence se définit, se réduit
en effet au fait de conscience pur et simple, il ne
suppose pas avec nécessité le mécanisme de logique
complexe selon lequel nous percevons l'univers qui
nous occupe actuellement. Des états de conscience
pourraient se produire en nombre infini, sans liens
entre eux, ou rattachés les uns aux autres par des
relations frêles et sitôt rompues que le monde,
comme fait de pensée, n'existerait pas moins dans
l'opposition de l'objet au sujet.

C'est donc parmi ces perspectives hasardeuses
et chaotiques qu'il s'agit de distinguer la seconde
catégorie de nécessité sur laquelle se fonde la possibilité de la science. Or, s'il nous est impossible
de déduire, du fait de l'existence et de la catégorie
de nécessité qu'il emporte avec lui le caractère nécessaire des propriétés objectives telles que nous les
percevons, le caractère nécessaire des relations
que nous observons entre les phénomènes, ces propriétés et ces relations, avec leur caractère de

constance, ne s'en montrent pas moins à nos yeux comme des faits.

En fait, l'allure arbitraire ou hasardeuse que nous avons reconnue au mouvement de division de la pensée avec elle-même a engendré ces caractères fixes et ces relations constantes. C'est parce que cette systématisation entre des séries constantes de phénomènes s'est produite que les considérations que l'on agite ici même peuvent être formées, que la curiosité philosophique est possible. Cette curiosité, — avec le pouvoir de raisonner et d'interpréter qu'elle implique et dont l'esprit scientifique est une dépendance, — apparue à l'extrémité et comme une des dernières conséquences de l'évolution empirique du mouvement de la pensée, cette curiosité est absolument conditionnée par la persistance de toutes les séries liées entre elles qui la précèdent et la soutiennent. Elle ne s'exerce qu'autant que cet ordre et cette hiérarchie persistent, et peu importe que cet ordre et cette hiérarchie ne soient pas nécessaires en soi, qu'ils soient en quelque sorte une fantaisie de la pensée, peu importe, puisque l'attitude philosophique et scientifique de la pensée fait partie de cette fantaisie, puisqu'elle en est une dépendance et qu'on ne peut l'imaginer existant que sous la condition de l'existence de

cette série hiérarchisée qui la supporte. Les séries
constantes de phénomènes enchaînés qui se laissent
appréhender par la pensée scientifique ont donc,
en ce qui touche à la possibilité de cette attitude
scientifique de la pensée, un caractère de nécessité.
Pour distinguer ce cas du nécessaire de celui qui
est lié à l'existence même de la pensée, on l'a
nommé, dans *les Raisons de l'Idéalisme*, nécessité
de connaissance. On le nomme ici *nécessité de
connnaissance actuelle*, spécifiant ainsi que cette
nécessité relève d'une hérédité tout arbitraire,
demeure conditionnée par un fait aléatoire, la
persistance du rêve systématique où la pensée,
où ma pensée, s'évertue actuellement.

Cette persistance étant impliquée dans le fait
même des spéculations que l'on poursuit ici, on va
rechercher, ainsi qu'on l'a fait dans *les Raisons de
l'Idéalisme*, de quelle façon, selon quelle combinai-
son de nécessité et d'aléa, le système de pensée sur
lequel nous raisonnons a réussi à se former. Et
tout d'abord, se développant nécessairement dans
l'angle ouvert par le mouvement de division de la
pensée en objet et en sujet, il faut supposer une
infinité de mouvements possibles, tous également
légitimes et qui vont, par leur relation avec ce premier mouvement, nouer déjà une première intri-

gue, former un commencement de système orga-
nisé, un commencement d'univers. Que l'on suppose
ensuite que, dans l'aire d'oscillation décrite par
l'un ou par quelques-uns des mouvements de cette
seconde série, un troisième groupe de mouvements
vienne à se développer, et ce troisième groupe, pour
faire partie du système déjà formé, va introduire
dans ce système une condition nécessaire, il va
requérir la constance des groupes de mouvements
particuliers de la seconde série dans l'aire d'oscillation desquels il s'est formé. Tandis que tous les
autres mouvements de cette seconde série pourront
se briser, faire place à d'autres, témoigner d'une
complète instabilité, ceux-là sont condamnés désormais à s'exercer selon un rythme constant, sans
quoi l'univers composé de trois termes qui vient
d'être constitué et qui est considéré du point de
vue du fait de conscience éclos à l'extrémité du
troisième terme, cet univers s'effondrerait. Avec
le rapport que l'on vient de voir se nouer entre le
deuxième et le troisième terme, nous possédons le
point de broderie qui, répété indéfiniment, va inscrire sur le canevas de la pensée les formes les plus
complexes de l'univers. Précisons-le donc, et dis-
tinguons-le encore du rapport, unique en son genre,
qui s'est formé entre le premier mouvement de

division en objet et sujet et les mouvements de la
seconde série. Ceux-ci ne peuvent échapper à la
nécessité de se former dans l'angle ouvert par ce
premier mouvement de division où la pensée s'oppose à elle-même : nous touchons ici ce premier
cas du nécessaire, qui a été nommé *nécessité d'existence*, et il ne se reproduira plus par la suite, au
cours des relations nouées par chaque terme nouvellement formé avec le terme précédent, mais déjà,
notons-le, les mouvements de cette seconde série,
cette première nécessité mise à part, sont entièrement indéterminés quant à leur forme, sont
susceptibles d'une infinie variété. Or, il en est de
même des mouvements de la troisième série, mais
aucune nécessité par surcroît ne les a contraints à
se développer dans l'angle formé par tels mouvements déterminés de la deuxième série plutôt que
dans l'angle formé par tels autres mouvements
de cette même série ; en fait seulement, ils s'y sont
développés et la même entière indépendance sera
le partage d'une quatrième série de mouvements
qui, se développant en fait dans l'angle formé
par quelques-uns des mouvements de la troisième série, requerront la constance désormais de
ces mouvements particuliers, comme condition de
la persistance du système qu'ils auront compliqué

de leur apport : de même, maintenant à l'infini.

Ainsi l'univers que nous connaissons se forme indépendamment de toute contrainte présidant à sa genèse : une activité tout arbitraire ou tout aléatoire suffit à l'engendrer, à l'exclusion de toute loi de finalité métaphysique. Le caractère de nécessité qui le rend en partie calculable lui vient de ce mécanisme selon lequel chaque sorte de mouvements nouvellement formés requiert désormais la persistance du mouvement de la série précédente dans l'aire d'oscillation duquel il s'est développé, de ce qu'il en est ainsi à l'infini jusqu'à ce dernier terme à l'extrémité duquel ma pensée individualisée disserte sur la nature de ce panorama cosmique.

Si, pour préciser cette description, et après avoir nommé *distinction en objet et sujet* le premier mouvement de division de la pensée avec elle-même, on nomme *temps, espace, causalité*, le groupe des seconds mouvements, *qualités propres de la matière*, ceux du troisième groupe, on concevra aisément que, le rythme de la pensée qui soutient la perceptibilité de la matière venant à prendre fin, le rythme qui soutient la perception des couleurs soit de fait aboli, on concevra aussi que le rythme infiniment dépendant qui soutient mes raisonne-

ments spéculatifs, et qui suppose entre autres
tous les mouvements complexes dont la matière
cérébrale est le théâtre, requière une chaîne de
nécessité et de hiérarchie infiniment longue et
complexe.

A cette nécessité qui ne conditionne pas l'existence de la pensée et qui est seulement une conséquence particulière de l'activité de la pensée, à
cette nécessité de connaissance actuelle, quel fon-
dement attribuer qui nous garantisse sa solidité ?
Il suffit, pour que ma pensée puisse spéculer sur
un rêve systématisé tel que l'univers dont je per-
çois les contours, il suffit que se soit produite la
suite de hasards convergents aboutissant à cette
réussite, cette suite de hasards dont ma pensée
spéculant sur elle est le dernier chaînon. Ce fait
une fois donné emporte-t-il avec lui des garanties
de sa durée ? Oui, si l'on fait intervenir certaines
présomptions logiques. Parmi celles-ci le déterminisme de la force nous expliquera comment, entre
divers mouvements de la pensée, tous également
aléatoires, mais apparus sur le même plan, les plus
forts, à la suite d'un conflit, doivent l'emporter et
peuvent, par la suite, s'exercer sans obstacle à travers la durée. Une autre présomption logique nous
donnera à penser que ce fait de répétition à travers

la durée confère à tout mouvement de la pensée qui en bénéficie solidité et dureté, que plus un mouvement s'est répété dans le passé identique à lui-même, plus il a de chances de se répéter de même dans le futur, que sa durée dans le passé est une présomption de sa durée dans l'avenir, en sorte que les mouvements les plus anciens de la pensée, temps, espace, causalité, matière, ceux qui supportent les enchaînements les plus lointains de phénomènes, nous offrent aussi les garanties les plus fortes de leur immutabilité. Ainsi, le déterminisme de la force rend possible la durée, et la durée est à elle-même sa caution. Ainsi, un enchaînement de phénomènes qui a témoigné déjà de sa force et de sa durée nous offre des garanties de sa pérennité et nous permet de croire à la persistance de cette nécessité de connaissance que postulent les mouvements les plus récents de la pensée.

Enfin, du point de vue subjectif duquel cette théorie est déduite, substituant comme principe du mouvement de la pensée, à la conception de l'aléa, celle de l'arbitraire, il est permis d'invoquer à l'appui de cette persistance de la nécessité de connaissance actuelle et à titre d'illustration mythologique de la précédente justification, l'intérêt que la pen-

sée prend au rêve cosmique dont elle assemble les
matériaux, l'intérêt qu'elle prend au jeu qu'elle
joue et où elle s'applique à faire tenir les développements de nouveaux épisodes dans les cadres tracés par ses gestes anciens. Or, ce jeu exige que la
pensée maintienne strictement et répète avec toutes leurs conséquences, selon l'ordre d'enchaînement où ils se sont produits, selon les rapports
hiérarchiques qu'ils soutiennent entre eux, tous
les rythmes de ses mouvements antérieurs.

Cet exposé fait voir, semble-t-il, de quelle façon
et sous quelles contraintes auxquelles l'assujettit
la nécessité d'éviter toute contradiction de ses
anciens mouvements par les nouveaux, la pensée
invente la matière du réel. Il fait voir du même
coup comment la science est possible, la science,
c'est-à-dire la reconstitution par la pensée du
schéma de ses démarches antérieures, le calcul
aussi des conséquences et du déterminisme de fait
que comporte à l'égard de toute improvisation nouvelle de la pensée la forme désormais inflexible de
ses mouvements antérieurs.

Le réel, en tant qu'élément du système de connaissance qui compose notre univers, nous laisse
voir participant à sa genèse tour à tour, tantôt un
principe de déterminisme et tantôt un principe

d'arbitraire ou d'aléa. A ce mélange correspond, dans le travail scientifique, une part de déduction et une part d'observation empirique. Chaque nouveau mouvement où la pensée manifeste son activité se développe en fait, ainsi qu'on l'a vu dans le cadre d'oscillation d'un mouvement existant déjà, à défaut de quoi il n'entrerait point dans le système de connaissance déjà formé. Ce fait constant permet une première part de déduction dans le travail scientifique : or, pourvu que ce nouveau mouvement remplisse cette condition, on a vu par contre qu'il peut se formuler selon des personnalités très diverses et cette indépendance contraint l'esprit scientifique à l'observation expérimentale. Enfin ce mouvement, fantaisiste à son origine, est fixé par la suite par les nouvelles séries de mouvements qui se développent sous sa dépendance, et voici de nouveau qu'un déterminisme à rebours intervient et qui offre à l'esprit scientifique un point d'appui solide pour un nouveau travail de déduction.

Dans un système où la pensée engendre toute forme du réel, à qui s'étonnerait du caractère imprévu de la recherche scientifique au regard de la pensée, à qui s'étonnerait du plaisir de connaissance, de la joie de conquête qu'éprouve la pensée tandis que la science lui découvre des propriétés nouvelles des choses, c'est-à-dire de nouveaux rapports entre ses propres mouvements, on ferait remarquer que, par le jeu même des premiers appareils qu'elle s'est inventés, temps, espace, causalité, chacun de ses mouvements antécédents est gros à l'égard de ses gestes subséquents de conséquences et de réalisations multiples et complexes, indépendantes du geste d'improvisation par lequel elle ajoute au thème ancien et qui exigent d'elle, pour être connues d'elle, cette attitude scientifique née de ses mouvements les derniers accomplis.

IV

En recherchant de quelle façon se forment, au cours du développement de la pensée, les catégories de nécessité qui rendent la science possible, nous avons rencontré à tout moment un domaine d'aléa. Des mouvements de la pensée, entièrement indépendants de tout déterminisme quant à leur genèse, en se développant dans l'angle formé par l'un ou par quelques-uns des mouvements d'une série précédente, confèrent à ce mouvement ou à cette série de mouvements un caractère de nécessité. Quant à eux, aucune nécessité ne fixe le rang qu'ils doivent occuper les uns à l'égard des autres, ne décide lesquels doivent être éliminés, lesquels doivent demeurer, lesquels doivent commander, lesquels doivent obéir, — aucune, si ce n'est le déterminisme de la force qui, à la suite du conflit où ces éléments se heurtent et se mesurent, réussit à ordonner entre eux des systèmes hiérarchisés plus ou moins durables. Au cours de la description précédente, nous n'avons considéré que les séries de mouvements fixées, définitivement, par l'intervention de séries nouvelles se développant sur leur rythme. C'est de l'existence de ces séries se répétant indéfiniment à travers la durée selon un rythme invariable que nous avons déduit l'existence de phénomènes objectifs constants, et de relations constantes entre ces phénomènes, soit la matière de la science. Or, dans l'univers qui est sous nos yeux, ce domaine d'aléa, où des mouvements de la pensée également indéterminés dans leur genèse s'ébauchent, croissent en intensité, luttent entre eux pour la suprématie, ce domaine d'aléa existe comme on l'a vu exister à chaque stade du développement de la pensée. C'est par sa présence que l'univers qui est sous nos yeux échappe au calcul, c'est de cette présence qu'il reçoit, avec un destin

imprévu, son caractère d'épopée, car si le déterminisme de la force décide, en fin de compte, entre
les éléments aux prises, la quantité de force inhérente à chacun d'eux et qui se manifeste à tout
moment dans des faits de relation n'est point évaluable en sa virtualité et ne laisse pas voir ses
limites.

Quels phénomènes dans l'univers concret qui est
sous nos yeux répondent à cette catégorie de l'aléa ?
Ceux-là qui ont trait aux modes de la sensibilité
humaine, voire même physiologique et qui s'expriment dans les mœurs. En usant des termes introduits dans le langage par la conception dualiste,
en opposant aux phénomènes physiques rangés
sous la catégorie d'une nécessité de connaissance,
les phénomènes moraux classés sous la catégorie
de l'aléa, on n'entend nullement établir entre les
uns et les autres une différence de nature. On leur
attribue, bien au contraire, une commune origine
dans le mouvement de division de la pensée avec
elle-même, on ne les donne comme distincts que
par le caractère de constance que présentent les
uns en opposition avec le caractère d'instabilité que
manifestent les autres. Modifiant le sens des mots
selon l'utilité théorique, on définit phénomènes
physiques, ceux-ci, parmi les phénomènes qui

témoignent d'un rythme constant et offrent une prise directe aux mesures scientifiques ; on définit phénomènes moraux, ceux-là qui échappent par leur inconstance à ces mesures et témoignent par leur instabilité qu'ils n'ont point encore de réalité fixe.

Si l'on a conservé l'ancien vocabulaire en l'appropriant à une signification nouvelle, c'est qu'empiriquement les nouvelles catégories que l'on forme, écartant toute différence de nature entre les deux sortes de phénomènes, désignent bien pourtant les mêmes faits respectifs que désignent les catégories anciennes et entre lesquels elles conçoivent une différence de nature. D'après ce vocabulaire ancien, on tient pour des phénomènes physiques le froid et le chaud, par exemple, et l'accord est unanime entre les hommes pour distinguer la glace de l'eau bouillante ; or, ces phénomèmes, et il en serait de même de tous ceux sur lesquels le même accord existe réellement, sont bien ceux qui présentent au regard scientifique des manières d'être constantes, méritant, par leur invariabilité, le nom de lois et se prêtant à des évaluations et à des prévisions positives. S'agit-il, au contraire, des phénomènes bien et mal, les appréciations humaines varient de climat à climat, de nation à nation d'individu à individu, en sorte que ces phénomènes qui, dans l'ancien style, portent le nom de phénomènes moraux, répondent bien à la définition donnée, en terme d'idéalisme, du phénomène moral. Ils se reconnaissent à leur défaut de constance.

Ils se distinguent encore des phénomènes physiques en ce qu'ils ne comportent point comme ceux-ci de sanctions inviolables. On ne tombe pas impunément dans une chaudière d'eau bouillante, mais on échappe au remords, et cela tient encore à ce que les phénomènes moraux ne font pas partie d'un déterminisme inflexible, à ce qu'ils ne sont pas des ressorts nécessaires dans un système, des ressorts dont le mauvais fonctionnement causerait la ruine entière du système.

On a conçu, sous le jour de l'idéalisme, que tous les objets existant dans l'univers, en tant qu'expressions logiques d'un rythme de la pensée, ont été engendrés par le mouvement de la pensée, — ainsi des objets étendus, des objets colorés, parfumés ou sonores, — à la suite d'un conflit avec d'autres objets analogues et de réalisation possible, qu'ils sont tous issus d'une lutte où le déterminisme de la force consacré par la durée a décidé de leur réalisation. On donne les phénomènes du monde moral pour les protagonistes actuels de ce conflit.

Avec eux, les formes diverses du désir et de la sensibilité viennent aux prises, se contrarient, s'opposent, combattent pour envahir tout le champ du réel. C'est ce conflit qui passionne le drame cosmique avec l'élément aléatoire, entièrement irrationnel, qu'il y mêle. Un tel conflit comporte en effet, a-t-on dit, un élément incalculable, la force comparative de chacune des pétitions en jeu, par où il échappe à la déduction scientifique. On ne saurait appliquer à cette catégorie du réel la méthode qui consiste à déduire d'un fait dont l'existence est universellement reconnue les conséquences qu'il comporte, puisqu'il s'agit précisément avec la morale de constituer et de fixer ce fait. Il en faut conclure que les morales dogmatiques d'origine religieuse ou philosophique et tous les systèmes qui dogmatisent plus ou moins sous le nom de sciences morales ne peuvent être considérés que comme des vœux. Ils sont aussi des ruses de guerre. On y proclame universellement reconnu un fait encore contesté, afin d'emporter le suffrage de ceux-là qui contestent et de faire par ce stratagème que ce qui n'était pas encore vrai devienne vrai. Ainsi d'un stratège qui, rencontrant sur différents points des détachements de troupes ennemies, persuaderait à chacun d'eux

que l'armée à laquelle il appartient est en déroute
et vaincue afin d'obtenir que, toutes les fractions de
cette armée renonçant tour à tour à la lutte, cette
armée tout entière soit en effet vaincue. Ceci est plus
qu'une comparaison et l'ordre d'activité qu'il est
possible d'appliquer aux faits du monde moral, cet
ordre d'activité qui n'est point de nature scientifique s'appareille à la tactique, à l'art de la guerre.
Il relève de la violence et de la ruse.

On en prend note ici, c'est sur cette classification
du fait moral en dehors des catégories scientifiques,
dans le domaine de l'aléa, que l'on s'appuiera par
la suite pour opposer à la conception ancienne de
la morale, qui persiste et ressuscite sous les dégui-
sements dialectiques les plus modernes et parfois
les plus ingénieux, une conception, croit-on, toute
nouvelle et positive.

V

L'univers de la pensée, tel qu'il vient d'être
décrit, apparaît ainsi qu'un compromis entre une
part de nécessité qui rend sa connaissance possible comme d'un ensemble systématique, et une

part de contingence qui, par l'imprévu qu'elle apporte à tout moment dans le jeu du phénomène, fait qu'il ne se livre jamais comme un tout entièrement calculable et que la recherche scientifique est impuissante, par une connaissance sans lacune, à l'immobiliser, à en épuiser l'intérêt.

Sur le thème de l'idéalisme subjectif le plus étroit, j'ai pu me représenter un tel univers, me rendre compte de sa formation, assister à la genèse des divers phénomènes qui s'y manifestent. J'ai pu concevoir le monde comme un phénomène engendré par ma propre pensée et qui, impliquant, à la différence des rêves particuliers, en un même système d'images, l'universalité des mouvements de mon esprit, n'en laissant aucun sans emploi auquel il eût pu se heurter par la suite, ne comporte point de réveil, se confond, selon une identité absolue, avec le réel. Le réel, en effet, sous le jour de l'idéalisme, est exclusivement *un fait de correspondance systématique;* il a pour matière l'ensemble des relations selon lesquelles des mouvements de la pensée, en forme d'images, évoluant sur le plan où tous les autres mouvements de la pensée apparaissent, ne sont exclus par aucun. Il est bien composé, comme l'imaginait ce héros mélancolique du drame shakespearien, de la même étoffe dont

nos songes sont faits. Il ne diffère de ceux-ci que
par son ampleur, par le nombre infiniment plus
considérable d'images systématisées qu'il implique.

Cette continuité parfaite dans le tissu logique,
cette absence de contradiction, la thèse de l'idéalisme subjectif est seule à s'en pouvoir targuer.
Contre elle, il n'est point d'objection et aucune
autre hypothèse ne procure même réussite. Ceci
reste pourtant à arguer contre elle, qu'elle laisse
place à un prodigieux étonnement, que, malgré
toutes les déductions logiques, mon esprit est
impuissant à dissiper l'illusion qui le fait croire à
la réalité indépendante des autres esprits, et le
persuade de son propre caractère individuel et distinct. Mais cette révolte même qu'elle suscite ne
serait-elle pas, à tout prendre, un argument de
plus en sa faveur? Si la logique me contraint de
l'accepter théoriquement, l'impuissance où je suis
de la tenir pour vraie effectivement, déterminée par
la persistance de l'illusion dont elle suppose l'intervention, n'accuse-t-elle pas avec un haut relief
ce seul fait ? la perfection singulière du jeu selon
lequel la pensée, sous le jour de l'idéalisme,
enfante la forme de l'univers dans l'acte même où
elle se représente à sa propre vue. N'en serait-il
pas autrement, et cette perfection ne cesserait-elle

point d'être, si le rêve cosmique où ma pensée s'exprime était, avec le principe d'illusion qui en est le moyen, à la merci d'un raisonnement?

Il faut donc que cette opposition se formule et que la certitude logique, impliquée par la conception de l'idéalisme subjectif, semblable aux prophéties de la Cassandre troyenne, soit impuissante à persuader. Sous le jour de l'idéalisme, le savoir et la croyance sont deux catégories distinctes, indépendantes l'une de l'autre.

Si la conception subjective de l'idéalisme, déduite par une méthode purement psychologique et sans aucun recours à l'hypothèse métaphysique, implique sa propre certitude logique tandis qu'elle se montre impuissante à déterminer la croyance, la conception objective de l'idéalisme présente des caractères exactement inverses : des systèmes philosophiques tels que le Brahmanisme et le Bouddhisme, en fécondant les dogmes d'innombrables sectes religieuses, témoignent de son pouvoir d'engendrer la foi, tandis qu'on la voit en appeler pour se former à une hypothèse métaphysique dont l'intervention affaiblit son caractère de certitude logique. Cette hypothèse, extérieure à la notion immédiate de moi, est celle d'une entité hors de laquelle rien n'existe.

Sitôt imaginée cette entité exclusive, on raisonne à son égard de la même façon dont on raisonnait à l'égard du moi. Nécessité pour cette entité universelle d'avoir conscience d'elle-même, car point d'existence en dehors d'un fait de connaissance, rejet donc de toute conception ne laissant point de place à un état de connaissance adéquate, — rejet de tout dualisme, — entre les deux formes jumelles du monisme, l'idéalisme et le matérialisme, abandon du matérialisme, pour les raisons invoquées à l'occasion de la thèse subjective — définition de l'existence comme phénomène de pensée. Dès lors, la nécessité inhérente au fait de connaissance selon laquelle il n'est de connaissance que d'un objet pour un sujet, oppose à l'identité substantielle de la pensée une distinction formelle, l'existence, une en son essence et tout entière de la nature de la pensée, de ce qu'elle est un fait de connaissance, se conçoit nécessairement autre qu'elle n'est, diverse dans son unité. Dans le fait de division de sa propre substance, elle engendre, sur la scène de l'univers, le monde infini des objets devant le monde infini des sujets. La conception de l'idéalisme objectif rejoint donc ici la conception de l'idéalisme subjectif, impliquant tous les développements qui avaient trouvé place dans les cadres de cette première conception et le moi psychologique, dont on avait fait abstraction avec l'hypothèse métaphysique d'une entité universelle exclusive de toute réalité extérieure à elle-même, le moi psychologique, engendré par le développement logique de l'hypothèse, apparaît avec son paysage propre de sensations et de notions, comme une des parties de l'univers de la pensée.

Dès lors, il y a identité, quant aux conclusions essentielles, entre les deux formes, subjective et objective, de l'idéalisme. Seules diffèrent les perspectives à travers lesquelles la genèse de l'univers se formule dans l'une et dans l'autre. Sous le jour de l'idéalisme subjectif, ma pensée individuelle, point infiniment particulier, perdu dans l'immensité du temps et de l'espace, déterminée indéfiniment par les enchaînements et les entrelacs de la causalité, fait divers minuscule parmi les contingences de l'histoire, les complexités de l'individuel et du circonstanciel, ma pensée, tandis qu'elle s'apparaît à elle-même partie d'un ensemble, dominée par des lois, environnée d'inconnu, est donnée pourtant comme l'auteur de tout ce décor au milieu duquel elle se manifeste à sa propre vue, comme créatrice de toutes ces conditions, depuis les plus vastes, telles le temps et l'espace, jusqu'aux plus ténues ; elle est donnée comme créatrice des lois mêmes auxquelles elle se soumet ainsi qu'aux règles d'un jeu par elle inventé et de l'illusion même qui lui fait prendre pour des réalités extérieures à elle-même les objets de ce spectacle improvisé par elle. Or, qu'elle soit en même temps de cette illusion l'auteur et la dupe, c'est ce que mon imagination trop bien hallucinée ne peut accepter aisément, — on vient de dire au précédent paragraphe pour quelle cause.

Au contraire, l'idéalisme objectif, en situant tout d'abord hors de ma pensée, seul fait immédiatement donné, une pensée universelle qui, au cours de son développement, enfante les diverses circonstances et les masques innombrables nécessaires au jeu de la fiction cosmique, en montrant ma pensée individuelle comme l'extrême conséquence de ce développement, comme une ultime métamorphose de la pensée travaillée et diversifiée par sa propre industrie, en montrant toutes les autres pensées individuelles comme autant d'aboutissements derniers de cette évolution, en leur attribuant, par conséquent, par rapport à ma pensée, une sorte de personnalité distincte, l'idéalisme objectif possède, à défaut d'une rigueur logique absolue, un pouvoir de persuasion qui lui a valu de nombreux adeptes. Rehaussé d'un si vif éclat avec le mythe hindou et la métaphysique de la Maïa, il a engendré, avec le Bouddhisme, une forme religieuse riche d'un formidable pouvoir de contagion, a vivifié la pensée d'un Schopenhauer et en a été vivifié, a trouvé dans l'art d'un Tolstoï un interprète infiniment émouvant (1).

L'idéalisme objectif, s'il a recours à l'hypothèse métaphysique par où sa valeur logique pourrait sembler compromise, aboutit, en somme, au même constat d'identité entre l'essence de l'univers et mon moi individuel auquel concluait l'idéalisme subjectif. Ainsi, l'image plus claire, plus aisémen[t] perceptible, qu'il offre du phénomène du monde, se recommande, au point de vue de la certitude logique, de sa ressemblance avec la première image obtenue par une méthode rigoureuse. On peut donc accepter l'idéalisme objectif comme une illustration de l'idéalisme subjectif. En échange de la présomption de certitude logique qu'il reçoit de sa ressemblance avec celui-ci, il pourra conférer à cet autre aspect

(1) V. *la Fiction universelle*, éd. du *Mercure de France*, étude sur Tolstoï.

d'une même conception quelque peu du pouvoir de persuasion dont il a montré qu'il est doüé.

VI

Tout l'exposé que l'on vient de faire avait pour but de justifier une définition de l'existence, celle de l'existence comme phénomène de pensée, que la conception du Bovarysme en tant que pouvoir d'imaginer requiert implicitement. On rappellera et on précisera à l'issue de cette analyse ce qu'ajoute au thème idéaliste la conception du Bovarysme et comment elle l'anime. Appliqué à l'*ego*, à l'univers du moi, en tant que phénomène de pensée, le fait de se concevoir autre est plus qu'un pouvoir, c'est une nécessité. Un dans sa nature essentielle, l'*ego*, par le fait même que son existence est liée à la connaissance qu'il a de lui-même, se conçoit autre qu'il n'est, lui l'unique, dans la division de l'objet et du sujet, dans la différence et la multiplicité. Cette nécessité de différenciation, qui est le grand ressort du mouvement dans l'univers de la pensée, qui lie l'un à l'autre comme deux faits se conditionnant dans un fait suprême d'identité la pensée et le mouvement, voici ce qu'ajoute au thème de l'idéalisme la conception du Bovarysme. C'est d'ailleurs dans ce fait de division de la pensée avec elle-même que le monde extérieur se formule, emportant la croyance du sujet à la réalité indépendante de l'objet. La croyance au monde extérieur est ainsi le fait de Bovarysme essentiel sur lequel repose l'existence de la pensée et nous touchons ici une conclusion qui déjà a été obtenue par une autre voie. Que cette illusion d'un monde extérieur, distinct et indépendant de notre pensée, soit nouée au plus intime du mécanisme de la pensée, qu'elle soit ainsi enroulée autour des conditions de son existence, ceci explique qu'il nous soit impossible de la vaincre, ceci explique comment les procédés logiques par lesquels nous la distinguons supposent son action, en sorte qu'ils nous permettent en même temps de la connaître et nous défendent de la dissiper.

Ce fait de division et de contradiction de soi-même qu'est le Bovarysme conditionne donc l'existence de la pensée, est le ressort normal de son activité. Mais à mesure que le mouvement de division de la pensée avec elle-même va se compliquant, et à mesure qu'il engendre au cours de son développement les formes diverses et successives du réel, il en vient à se heurter aux rythmes qu'il a

tracés lui-même au cours de ses démarches antérieures. Le pouvoir de diverger, de se concevoir
autre, qui est l'âme de la pensée, se voit limité par
la nécessité de connaissance qui contraint la pensée de se concevoir autre et de diverger dans les
cadres de ses conceptions et de ses mouvements
antérieurs. Dans ce domaine déjà concret, le Bovarysme, mode originel de toute genèse du réel,
manifeste qu'il peut être aussi une forme de l'irréel :
il se montre ici, ainsi qu'on l'a noté, bienfaisant
ou malfaisant, à l'égard de la réalité en laquelle il
s'exerce. C'est que, fait de différenciation pur et
simple, en son essence, il se complique, dans ce
domaine de la diversité concrète, d'un fait d'imitation. Se concevant autres qu'elles ne sont du seul
fait qu'elles existent et qu'elles manifestent cette
existence dans le changement, qui est un nom du
mouvement, les diverses formes du réel se conçoivent plus ou moins à l'image les unes les autres, les
plus faibles et les plus indécises subissant l'influence
des plus fortes et des plus typiques. Or d'une façon
générale, ce fait d'imitation entraîne, pour la forme
imitative, des conséquences heureuses ou malheu-
reuses, un accroissement ou un amoindrissement
de puissance, selon que la forme imitée lui propose
d'elle-même une conception que ses directions

antécédentes lui permettent ou lui interdisent d'atteindre. Elevée au-dessus d'elle-même dans le premier cas, elle voit, dans le second cas, son énergie s'épuiser, tandis que, s'efforçant vers un but inaccessible, elle ne réussit qu'à se détourner d'elle-même, n'aboutit qu'à la dissociation des éléments qui la composent et à la ruine de sa personnalité.

Le phénomène comporte, est-il besoin de le dire, une infinité de nuances et de degrés, mais ce qu'il importe de préciser c'est que les modes secondaires du Bovarysme, et où il se montre bienfaisant ou malfaisant, ne supposent l'intervention d'aucun élément autre que ce pouvoir de différenciation en quoi le Bovarysme consiste. Ces modes sont des cas de ce pouvoir en tant qu'il s'accorde ou vient en conflit avec lui-même.

Quant au fait d'imitation qui joue dans le système un rôle si important, il n'est lui-même qu'une conséquence du fait de différenciation primitif. Il introduit, parmi la diversité et l'éparpillement des formes concrètes de la pensée, la quantité de similitude indispensable pour que des points de repère soient possibles, pour que le rêve de l'univers comporte, parmi son infinie variété, des catégories de ressemblance lui permettant une connaissance quelque peu systématique de lui-même.

Le monde apparaît ainsi comme un compromis
entre une certaine somme de différenciation et une
certaine somme d'imitation, sans qu'il soit permis
toutefois de voir entre ces deux modalités des
puissances de même degré. Le phénomène de différenciation seul est primitif. Il embrasse et domine
l'autre. Ce qui s'oppose en effet à la différence, ce
n'est point l'imitation, mais c'est l'identité. La ressemblance engendrée par l'imitation n'est qu'un
cas de la différence et la suppose. Il n'y a d'imitation que de ce qui diffère par quelque point, il
n'est de similitude que dans la différence. C'est
en quoi l'imitation relève expressément du Bovarysme, qui donne la vie comme un phénomène de
différenciation dont il est lui-même la formule.

VII

De cette conception du monde comme phénomène de pensée, animé du mouvement qui lui est
propre par la nécessité de différenciation que le
fait de connaissance implique et dont la formule
bovaryque est l'expression, j'ai déduit une conséquence à laquelle j'ai attribué, dans *les Raisons de
l'Idéalisme*, une importance majeure. J'ai conclu,

de la substitution du point de vue idéaliste à celui
des métaphysiques dualistes, à la substitution de
l'esthétique à l'éthique comme principe d'explication et comme justification du fait de l'existence.

Je ne puis rappeler ici toute l'argumentation
développée à ce sujet dans le livre et dont le but
fut de faire toucher les antinomies que comporte la
justification ancienne. L'essentiel de ces antinomies
apparaît dans la manœuvre par laquelle les théo-
logiens ou les théoriciens de la morale, situant
toujours dans le futur la réalisation de l'idéal éthique, confessent que cet idéal n'est pas réalisé dans
le présent. Opposent-ils en effet, pour faire place à
cette réalisation, au monde du devenir qui est, sous
nos yeux, un monde de l'être, royaume du but, et
qui exercerait sur le premier une lente fascination,
ils exposent en pleine lumière la contradiction impliquée dans le fait d'une chose existant d'une existence absolue et qui n'existerait pas ainsi de toute
éternité, qui laisserait place à des moments où elle
n'aurait pas existé. L'idée de finalité, légitime dans
le monde des phénomènes où elle définit les relations que ceux-ci forment entre eux, où elle se montre elle-même toute relative, ne peut servir de pont
entre le monde de la réalité phénoménale et le
monde de l'être absolu. Les deux idées de l'être et

du devenir, en tant que l'on en fait deux entités distinctes, s'excluent. Il n'y a pas de place pour l'idée de temps dans l'idée de l'être absolu.

Si, écartant l'opposition de l'être et du devenir, les protagonistes de la thèse éthique s'en tiennent à une évolution de l'idée morale se perfectionnant à l'infini à travers la durée et le progrès des sociétés, ou bien ils confondent l'idée morale avec le fait même des manières d'être que réalisera tour à tour l'avenir social et qui pourront être en opposition avec notre conception actuelle de la morale — et la morale cesse d'être une chose distincte de la réalité, — ou bien ils entendent par morale une chose distincte du réel, une chose dont ils prétendent connaître *a priori* la nature propre, le caractère impératif et dont la manière d'être sociale aurait pour destin de se rapprocher sans cesse. C'est cette seconde interprétation qui caractérise seule la thèse du moralisme dont cette formule, le bonheur dans la justice, définit exactement le vœu. Or, sous ce jour, la simple opposition du passé au présent et à l'image présumée du futur suffit à faire voir l'idée morale écrasée sous les termes mêmes dont on l'a construite, rien ne pouvant être imaginé qui soit plus contraire à la justice ni plus immoral que cet abîme qui irait s'élar-

gissant sans cesse entre la misère des ancêtres
et le bonheur croissant des descendants. La conception morale est, de tous points, inconciliable
avec la vie et ceux-là seuls dont la sensibilité est
singulièrement émoussée, dont la passion morale
est toute superficielle, peuvent imaginer, à travers
les perspectives de l'idée de justice, un état qui les
satisfasse. Qui veut la justice aspire au néant s'il
a compris le sens rigoureux de ce terme abstrait
et absolu, s'il ne prétend pas seulement, sous l'in-
vocation de cette idée, agitée en guise de drapeau,
abolir quelques pratiques dont sa sensibilité actuelle
est blessée.

Telles sont les antinomies qui résultent nécessairement de la conception singulière d'une loi posée
dans l'absolu et qui abandonne au temps le soin
de sa réalisation. La finalité morale, comme principe de justification de l'existence, n'est rien de
plus qu'une hypothèse, mais c'est en outre une
hypothèse qui va à l'encontre du but que l'on pensait atteindre avec elle.

Ce que je voudrais mettre en lumière ici, c'est
qu'en proposant de substituer l'explication esthétique à l'explication morale, je ne substitue pas une
hypothèse, fût-elle meilleure, à une hypothèse con-
trouvée par sa comparaison avec le réel, mais un

fait à une hypothèse. Tandis que l'hypothèse morale fait appel du devenir, où il n'y a pas place pour elle, à un état final, à un but vers lequel le devenir se dirigerait, tandis qu'elle fait appel à la Providence et à une téléologie métaphysique, l'explication de l'univers par le point de vue esthétique repose sur la seule analyse et sur la seule observation de l'activité qui se déploie dans l'univers. Cette activité, inséparable du fait de conscience, implique nécessairement et sans exception un acte spectaculaire. Toute sensation engendre une perception, telle est la forme élémentaire du phénomène. Or ce fait de perception, germe premier du fait esthétique, mêlé à toute manifestation de l'activité de la pensée et qui n'y fait jamais défaut, est donné, sous le jour de la conception idéaliste, comme la fin et la raison d'être de la sensation dont tout l'office est rempli après qu'elle a joué son rôle de moyen, après qu'elle a engendré l'objet dans le fait de perception.

Objectera-t-on que l'acteur de tout drame semble attacher dans la plupart des cas une importance médiocre ou nulle à cette part spectaculaire de son acte, qu'il se passionne au contraire avec frénésie à la recherche des objets de ses désirs, qu'en vue de cette fin toute passionnelle il intervertit constamment la relation qui est ici indiquée et utilise la perception comme moyen au service de la sensation et du désir. Peu importe si, comme on l'a constaté, il est impossible d'assigner pour terme à l'évolution du désir et de la sensation un état de satisfaction universel du désir et de la sensation, si cette recherche du bonheur par la sensation n'atteint jamais son but, si, sur le thème du désir, ordonné et hiérarchisé par la morale en vue de le rendre viable, il est impossible de donner un sens à l'existence ? Car dès lors, et s'il en est ainsi, cette ardeur du désir à poursuivre sa réalisation à travers mille efforts et mille intrigues ne s'explique que comme moyen d'intensifier le spectacle, comme moyen de fournir au sens spectaculaire une riche nourriture. Si l'office de toute sensation isolée est de supporter une perception isolée, l'office de toute chaîne de sensations et de désirs est de fournir la trame d'un roman, d'une comédie, d'un drame. Si, au cours de ce processus, la perception semble utilisée par le désir en vue de son propre assouvissement, c'est, en fin de compte, elle-même que par ce détour elle satisfait, elle-même, sous ses formes raffinées et complexes, en tant qu'elle se mue en curiosité et se hausse au sens esthétique, au plaisir de la contemplation et à l'amour de la beauté. C'est faute d'avoir vu cette fin immédiate à laquelle toute sensation est parfaitement adaptée, avec la perception qu'elle engendre, que les protagonistes de la thèse morale ont imaginé une fin d'un autre ordre, qu'ils ont introduit dans le problème qu'il se proposaient de résoudre, avec l'opposition de l'être au devenir, un terme qui le rendait insoluble.

On formulera enfin cette dernière considération. Tandis que la thèse d'une finalité éthique se heurte à l'entreprise impossible de faire que la sensation, qui est plaisir et douleur, se convertisse en une manière d'être finale de laquelle l'élément douleur serait exclu, le point de vue esthétique s'accommode également des deux termes de la sensation, du plaisir et de la douleur qui, l'un comme l'autre, sont propres à engendrer des perceptions qui lui donnent, en conséquence, également satisfaction, lui procurent également sa fin. Les joies et les douleurs qui remplissent une vie sont les unes comme les autres des éléments d'intérêt spectaculaire, et sans le mélange des unes et des autres cet intérêt serait aboli. Une thèse qui fait de la valeur représentative des phénomènes leur justification en vue de la seule fin spectaculaire n'a donc pas à repousser comme une objection, ainsi que la thèse morale y est contrainte, le fait de la douleur. Elle voit dans la douleur, corrélative du plaisir, un moyen indispensable de sa réalisation, elle s'accorde ainsi avec la nature des choses, loin d'en être blessée.

D'un tel point de vue on sera amené à conclure que l'attitude esthétique, au sens raffiné du terme, doit prendre la place qu'occupait la vertu sous le jour du point de vue moral, qu'elle est le but vers lequel il faut tendre. On a dès longtemps traduit cette conséquence en cette devise : « Transmuer toute sensation en perception. » Mais on n'oublie pas, du point de vue où l'on est ici placé, que la sensation conditionne la perception et que, supprimer l'une, c'est abolir l'autre. Comme on n'aspire point à s'évader, hors de l'état présent, vers un absolu, on n'a garde d'ériger cette devise en maxime universelle. Tout au plus l'offrirait-on, comme un remède contre une douleur trop aiguë, à qui ne l'aurait appliquée lui-même par un mouvement de défense spontané. D'ailleurs si l'existence, comme phénomène de pensée, prend conscience de sa propre fin dans l'attitude esthétique, dans l'activité volontairement spectaculaire telle qu'elle se manifeste dans le domaine de l'art, on s'est astreint à montrer la forme élémentaire de cette activité esthétique dans le fait de perception pur et simple lié à toute sensation. Par cette voie, on avait pour objet de faire toucher qu'à proposer le sens spectaculaire pour raison d'ê-

tre de l'existence on n'accomplissait pas la démarche arbitraire d'universaliser une modalité propre
à quelque tempérament particulier et d'exception,
mais que, le montrant réalisé dès sa genèse parmi
la substance même des faits où se manifeste l'activité normale de l'existence, à titre de fin toujours
impliquée et qui ne peut faire jamais défaut, puisqu'elle conditionne le jeu même de la pensée, on
justifiait le fait de l'existence objectivement, à tout
instant immédiat, sans recours à aucune hypothèse
extérieure au fait même de sa propre activité.

Décembre 1906.

TABLE

—

HENRI HEINE ET LE ROMANTISME
DE LA RAISON

UNE SIGNIFICATION NOUVELLE
DE L'IDÉE D'ÉVOLUTION

COMMENTAIRE DES RAISONS DE L'IDÉALISME

ACHEVÉ D'IMPRIMER

le vingt octobre mil neuf cent sept

PAR

BLAIS & ROY

A POITIERS

pour le

MERCVRE

DE

FRANCE

MERCVRE DE FRANCE

XXVI, RVE DE CONDÉ — PARIS-VIᵉ

Paraît le 1ᵉʳ et le 15 de chaque mois, et forme dans l'année six volumes.

**Littérature, Poésie, Théâtre, Musique, Peinture, Sculpture
Philosophie, Histoire, Sociologie Sciences, Voyages
Bibliophilie, Sciences occultes
Critique, Littératures étrangères, Revue de la Quinzaine**

La **Revue de la Quinzaine** s'alimente à l'étranger autant qu'en France; elle offre un nombre considérable de documents, et constitue une sorte d' « encyclopédie au jour le jour » du mouvement universel des idées. Elle se compose des rubriques suivantes :

Épilogues (actualité): Remy de Gourmont.

Les Poèmes : Pierre Quillard.

Les Romans : Rachilde.

Littérature : Jean de Gourmont.

Littérature dramatique : Georges Polti.

Histoire : Edmond Barthélemy.

Philosophie : Jules de Gaultier.

Psychologie : Gaston Danville

Le Mouvement scientifique : Georges Bohn.

Psychiatrie et Sciences médicales : Docteur Albert Prieur.

Science sociale : Henri Mazel.

Ethnographie, Folklore : A. van Gennep.

Archéologie, Voyages : Charles Merki.

Questions juridiques : José Théry.

Questions militaires et maritimes : Jean Norel.

Questions coloniales : Carl Siger.

Questions morales et religieuses : Louis Le Cardonnel.

Ésotérisme et Spiritisme : Jacques Brieu.

Les Bibliothèques : Gabriel Renaudé.

Les Revues : Charles-Henry Hirsch.

Les Journaux : R. de Bury.

Les Théâtres : Maurice Boissard.

Musique : Jean Marnold.

Art moderne : Charles Morice.

Art ancien : Tristan Leclère.

Musées et Collections : Auguste Marguillier.

Chronique du Midi : Paul Souchon.

Chronique de Bruxelles : G. Eekhoud.

Lettres allemandes : Henri Albert.

Lettres anglaises : Henry-D. Davray.

Lettres italiennes : Ricciotto Canudo.

Lettres espagnoles : Gomez Carrillo.

Lettres portugaises : Philéas Lebesgue.

Lettres hispano-américaines : Eugenio Diaz Romero.

Lettres néo-grecques : Demetrius Asteriotis.

Lettres roumaines : Marcel Montandon.

Lettres russes : E. Séménoff.

Lettres polonaises : Michel Mutermilch.

Lettres néerlandaises : H. Messet.

Lettres scandinaves : P. G. La Chesnais.

Lettres hongroises : Félix de Gerando.

Lettres tchèques : William Ritter.

La France jugée à l'Étranger : Lucile Dubois.

Variétés : X...

La Curiosité : Jacques Daurelle.

Publications récentes : Mercure.

Echos : Mercure.

Les abonnements partent du premier des mois de janvier, avril, juillet et octobre

France		Étranger	
Un numéro........	1.25	Un numéro........	1.50
Un an...........	25 fr.	Un an...........	30 fr.
Six mois.........	14 »	Six mois.........	17 »
Trois mois........	8 »	Trois mois........	10 »